# DIE PHILOSOPHIE DER BÄRTE

Die Originalausgabe erschien 2014 unter dem Titel
*The Philosophy of Beards* bei
The British Library
96 Euston Road
London NW1 2DB

Die Illustrationen stammen aus: *Beaver; An Alphabet of Typical Specimens (of Beards)*
von John Kettlewell, 1922

Aus dem Englischen von Kai Kilian

1. Auflage 2018

Satz: schoelldesign, München
Druck und Bindung: GGP Media GmbH, Pößneck

ISBN 978-3-8369-2143-5

www.gerstenberg-verlag.de

Schmutztitel (Seite 1): Richard Doyle, *In Fairy Land: A Series of Pictures from the Elf-World.*
Mit einem Gedicht von William Allingham. Longmans, Green and Co., London, 1870.
The British Library
Frontispiz (Seite 2): Robert Michael Ballantyne, *Die Koralleninsel. Mit Illustrationen des Autors.*
T. Nelson & Sons, London, 1858. The British Library

# DIE PHILOSOPHIE DER BÄRTE

THOMAS S. GOWING

GERSTENBERG

# INHALT

# VORWORT

Die folgende Vorlesung, nach meiner Kenntnis die erste zu diesem besonderen Gegenstand, fand bei einer vielköpfigen, geneigten Zuhörerschaft wohlmeinende Aufnahme und erfuhr ausgedehnte, schmeichelhafte Beachtung in den örtlichen Zeitungen, dem *Ipswich Journal* und dem *Suffolk Chronicle*. Mein kühner und freisinniger Verleger hat sie weiterer Verbreitung für würdig befunden. Möge die Öffentlichkeit dieses Befinden teilen und sie aus seinen Händen ebenso freimütig entgegennehmen, wie er sie aus meinen entgegengenommen hat!

Ich habe jene Passagen verändert, die ganz unmittelbar auf dic Abbildungen bezogen waren, da diese sich, unabhängig vom Aufwand, überwiegend nicht dazu eigneten, in kleinerem Maßstab wirkungsvoll wiedergegeben zu werden.

Seit dem mündlichen Vortrag sind der Vorlesung vielerlei Anmerkungen beigefügt worden, die sich, so ist zu hoffen, als ebenso unterhaltsam wie aufschlussreich erweisen werden. Nun bleibt mir nur noch, mich zu verbeugen, meinen *fratres barbati* ein langes Leben für ihre Bärte zu wünschen und auszurufen

*Pivat Regina!*
*Floreat Barba!*

# EINFÜHRUNG

Unser universellster und fantasievollster Dichter, dessen einzelne Zeilen oft Zusammenfassungen und Verkörperungen ganzer Gedichte sind, lässt Hamlet ausrufen: »Welch ein Meisterwerk ist der Mensch! Wie edel durch Vernunft! Wie unbegrenzt an Fähigkeiten! In Gestalt und Bewegung wie bedeutend und wunderwürdig! Im Handeln wie ähnlich einem Engel! Im Begreifen wie ähnlich einem Gott! Die Zierde der Welt! Das Vorbild der Lebendigen!« Und doch, ebendasselbe herrliche Geschöpf, so würdig gepriesen, erweist sich, in eigentümlichem Widerspruch dazu, seiner höheren Merkmale derart vergesslich, dass es in der Lage ist, seine Vernunft zu verschmähen! Seine unbegrenzten Fähigkeiten zu missachten! Jenes so erhabene und bewundernswerte Antlitz vorsätzlich zu entstellen! Zu einem Handeln hinabzusinken, das eher nach Teufel riecht denn nach Engel! Sein gottähnliches Begreifen im Suff zu ertränken! Seine majestätische Schönheit abzurasieren! Und statt zum Vorbild – zum Zerrbild der Lebendigen zu werden!

O Mode! Du mächtigste, obgleich launischste aller Göttinnen! Welch seltsame Grillen du treibst mit den Söhnen und Töchtern der Menschheit! Was gibt es an Schönem, das du nicht mit einem Wort in ein Ding von Ekel und Abscheu verwandeln kannst? Was an Hässlichem, Abstoßendem, doch du beherrschest die Kunst, es zu einem güldenen Bildnis zu erhöhen, auf dass deine Sklaven es anbeten, mag der feurige Ofen des Spotts noch so dräuen? Ließe sich eine Sammlung anlegen all der Formen und Figuren, Maskeraden und Mummereien, die du deinen oft allzu willfährigen Jüngern auferlegt hast, so bedürfte es der staunenswertesten Einbildungskraft, der allerlebhaftesten Fantasie, um eine Beschreibung ihres unvereinbaren Inhalts zu geben!

Wohl kein zweites menschliches Merkmal ist dem Wankelmut der Mode stärker unterworfen gewesen als der Bart, wovon das nun Folgende ausführlich Bericht geben soll in der Hoffnung, es möge beweiskräftig darlegen, dass jene launische Göttin sich in keinem anderen Fall so vieler mutwilliger Vergehen gegen Natur und Vernunft schuldig gemacht hat! In solcher Hinsicht also werden zunächst die Beschaffenheit, der Zweck und die Verwendung des Bartes untersucht und seine Verbindung zur Kunst betrachtet; sodann wird seine Geschichte nachgezeichnet; und abschließend kurz eine Replik gegeben auf einige Einwände gegen das Barttragen, die im zuvor Verhandelten nicht inbegriffen waren.

# PHYSIOLOGIE

Ein verschrobener altlateinischer Autor fragt: »Was ist ein Bart? Haare? Und was sind Haare? Ein Bart?« Vielleicht lässt ein Bart sich etwas eindeutiger mit der Aussage definieren, dass er in seiner vollen Ausprägung sämtliches auf dem Antlitz unterhalb der Augen sichtbare Haar umfasst, welches natürlicherweise an den Seiten des Gesichtes herabwächst, in einem umgekehrten Bogen die Wangen quert, die obere und die untere Lippe säumt, die gesamte Kinnpartie bedeckt und vor Hals und Kehle herabhängt – sodass Schnurr- und Backenbärte nur einzelne Teile eines allgemeinen Ganzen sind. Das Haar des Kopfes unterscheidet sich von dem des Bartes. In einer mikroskopisch vergrößerten Ansicht lässt sich erkennen, dass Ersteres einem abgeflachten Zylinder ähnelt, der sich zu seinem Ende hin verjüngt. Es verfügt über eine schuppige äußere Rinde und einen feinere Innenhülle und enthält, wie eine Pflanze, einen zentralen Markstrang, bestehend aus Ölen und Farbstoffen. Im unteren Teil ist es bauchig, und die Markgefäße ruhen auf einem großen Vesikel. Der bauchige Schaft ist von einer Hautfalte umschlossen und eingebettet in die Talgdrüsen. Die Wurzel steht für gewöhnlich schräg zur Hautoberfläche. Um allzu großen Detailreichtum zunächst zu vermeiden, lassen Sie mich Ihre Aufmerksamkeit nun geradewegs auf den Umstand lenken, dass, während das Kopfhaar über nur einen Markstrang verfügt, wir das Barthaar mit deren zweien ausgestattet finden.* Ist dies nicht eine äußerst bemerkenswerte Tatsache, um unsere Betrachtung damit zu beginnen? Und legt es nicht augenblicklich den Schluss nahe, dass diese zusätzliche Ausstattung einen besonderen Zweck haben muss?

---

* Vide Hassells *Mikroskopische Anatomie*. Haller führt aus: »Auf der Berechnungsgrundlage, dass die Haare des Bartes um 1½ Linien pro Woche wachsen, was 6½ Zoll im Jahr entspricht, so werden zu jenem Zeitpunkt, da ein Mann die achtzig erreicht, 27 Fuß unter der Rasiermesserklinge gefallen sein.«

Sie hat einen solchen, wie wir sogleich sehen werden. An dieser Stelle sei noch einzig ergänzt, dass die Haare des Bartes tiefer eingefügt und langlebiger sind, flacher und daher eher geneigt, sich zu locken.

Da der Bart gleichzeitig mit einer der bedeutendsten natürlichen Veränderungen im Körperbau des Menschen in Erscheinung tritt, galt er zu allen Zeiten als Sinnbild der Männlichkeit. Sämtliche führenden Völker der Menschheitsgeschichte, ob aus wärmeren oder aus kälteren Klimazonen stammend, die der Welt ihren Stempel aufgeprägt haben – Ägypter, Indios, Juden, Assyrer, Babylonier, Perser, Araber, Griechen, Römer, Kelten, Türken, Skandinavier, Slawen – waren mit einem üppigen Wachstum dieser natürlichen Bedeckung des Antlitzes ausgestattet. Folglich zeichneten ihre Unternehmungen sich durch eine entsprechende Tatkraft und Kühnheit aus. Darüber hinaus lässt sich nicht bestreiten, dass ihre ehrgeizigsten Bestrebungen zeitlich mit der Existenz ihrer Bärte zusammenfielen; und eine nähere Untersuchung würde zweifellos zeigen, dass Aufstieg und Fall dieses naturgegebenen Merkmals einen weit größeren Einfluss auf den Fortschritt und den Niedergang jener Völker hatte, als bisher vermutet worden ist. Obschon es *vereinzelte* Ausnahmen gibt, so zeugt das Fehlen des Bartes doch für gewöhnlich von physischer und moralischer Schwäche, und in degenerierten Völkerschaften ganz ohne oder mit nur spärlichem Bartvorkommen herrschen bewusster Mangel an mannhafter Würde sowie Genügsamkeit angesichts eines niederen körperlichen, moralischen und intellektuellen Zustandes. Solcherlei Volksstämmen gilt allein das Interesse von Physiologen und Ethnologen – der *Historiker* ist niemals berufen, ihren Taten Ehre zu erweisen. Es ist diesbezüglich nicht ohne Aussagekraft, dass die allzu verweichlichten Chinesen ihr gegenwärtiges Bemühen, statt bloße Handlanger der Tartaren wieder freiere Männer zu werden, durch einen förmlichen Beschluss angezeigt haben, nämlich ihrer Zöpfe zu entraten und das Haar seinen natürlichen Lauf über Kopf und Kinn nehmen zu lassen.*

* Die Backenbarthaare des Konfuzius werden in China angeblich als Reliquien verwahrt.

Doch das Haar fungiert nicht nur als äußeres Zeichen – es hat vor allem, sonst wäre es nicht da, seine ganz eigenen zweckdienlichen Aufgaben zu erfüllen. Deren wichtigste besteht im Schutz einiger der anfälligsten Teile unseres Körpers vor Kälte und Feuchtigkeit – jener ergiebigen Quellen für schmerzhafte und nicht selten todbringende Krankheiten. Und welch bewundernswertere Einrichtung ließe sich für diesen Zweck denken als ein ebenso kostenloser wie anmutiger Schleier aus Haar – einer Substanz, die die überaus schätzenswerte Eigenschaft besitzt, Feuchtigkeit abzustoßen und weder Hitze noch Strom zu leiten.

Lassen Sie mich Ihnen nun erläutern, was unterhalb der Oberfläche liegt, die natürlicherweise vom Bart bedeckt ist. Zunächst findet sich nahe der Schläfe ein Ganglion oder Nervenknoten, Ausgangspunkt der ungeheuer schmerzhaften Reizung *Tic douloureux*. Von dort aus verlaufen weißliche Nervenstränge wie Strahlen hinab zu den Kiefern, und zwar exakt im durch den Bart geschützten Bereich. Betrachtet man diesen Umstand genauer, so wird man fast zwangsläufig einsehen, dass von der Rasur womöglich bisweilen eben jene qualvollen Gesichtszuckungen herrühren, die die Mundwinkel entstellen. Als Nächstes haben wir die Nerven der Zähne, von denen ein jeder weiß, wie äußerst empfindlich sie gegenüber Temperaturveränderungen sind.

Blicken wir nun kurz auf jene Drüsen, die zuständig sind für das Bilden und Absondern der Lymphe als Teil der im Körper zirkulierenden Flüssigkeiten und in denen oftmals die Skrofulose ihren Ursprung hat. Sie sind ganz besonders anfällig für den Einfluss von Kälte und Feuchtigkeit, was sich sodann in den uns wohlbekannten und unansehnlichen Schwellungen am Hals äußert. Ein Bart gewährt ihnen daher einen zusätzlichen Schutz, wobei das Haar dort, wo sie sich befinden, für gewöhnlich um einiges dichter wächst als an anderen Stellen.

Es gibt im Bereich des Bartes noch eine weitere Art von Drüsen, nämlich die Talgdrüsen, welche in besonderer Fülle um das Kinn konzentriert sind. Nun ist die Rasur der Grund dafür, dass die

Haare an dieser Stelle nur allzu häufig von einer sonderbaren und sehr misslichen Krankheit befallen werden, die den vielen bedauernswerten Opfern dieser unnatürlichen Praxis eine Art Vorgeschmack auf das Fegefeuer beschert. Diejenigen mit starkem und dichtem Bartwuchs leiden gerechterweise am meisten darunter – denn je wirkungsvoller der natürliche Schutz ist, desto größer ist auch die Torheit seiner Entfernung.

Bleiben schließlich noch die Mandeln sowie die Drüsen von Hals und Kehlkopf. Es muss wohl kaum jemand darüber aufgeklärt werden, wie verbreitet gegenwärtig akute und chronische Reizungen dieser Stellen sind.

Dass der Bart als ein Schutz für sie alle gedacht ist, davon kann ein jeder sich selbst überzeugen, indem er ihn wachsen lässt und dann bei kaltem oder feuchtem Wetter vollständig abrasiert. Sollten Sie nicht geneigt sein, sich an diesem Experiment zu versuchen – und ich werde Ihnen keinesfalls dazu raten –, so finden Sie vielleicht die folgenden Hinweise ausreichend beweiskräftig.

Erstens: die historische Tatsache, dass die russischen Soldaten, als sie von Peter dem Großen gezwungen wurden, sich zu rasieren, entsetzlich gelitten haben.

Zweitens: das medizinische Zeugnis aus dem Fachwörterbuch von Dr. Copeland, einem der führenden Ärzte unserer Zeit, in dem es heißt:

> Personen, die an das Tragen von langen Bärten gewöhnt waren, sind nach dem Abrasieren häufig von rheumatischen Schmerzen im Gesicht oder von starken Halsentzündungen betroffen. In einigen Fällen von chronischen Halsschmerzen hat das Tragen eines Bartes unterhalb des Kinns oder auf dem Hals ein Wiederauftreten der Beschwerden verhindert.

Drittens: der Umstand, dass etliche Personen in dieser Stadt (Ipswich) auf ebendieselbe Weise kuriert worden sind. Und schließlich: das folgende kurze, aber bedeutende Zeugnis von Eisenbahnern der Scottish Central Railway, datiert Perth, den 24. August 1853:

Wir, die Bediensteten der Scottish Central Railway, möchten Ihnen hiermit zur Kenntnis bringen, dass wir uns im vergangenen Sommer auf ein Rundschreiben hin, das sämtlichen bei Eisenbahngesellschaften beschäftigten Männern empfahl, als wirksamsten Schutz gegen die Unbilden des Wetters das Wachstum ihrer Bärte zu kultivieren, veranlasst gesehen haben, diesen Rat zu befolgen; und der Nutzen, den wir daraus gezogen haben, gibt uns nun Anlass, diesen Rat der allgemeinen Annahme durch unsere Brüder anzuempfehlen, die unter ähnlichen Umständen im gesamten Königreich tätig sind. Wir können ihnen aus eigener Erfahrung versichern, dass sie auf diese Weise von den heftigen Erkältungen und Halsschmerzen verschont bleiben, welche ohne jenen natürlichen Schutz so häufig auftreten.

Unterschrieben von fünf Wächtern, einem Polizeiinspektor,
zwei Lokomotivführern und einem Feuerwehrmann.

Wenden wir uns als Nächstes – denn dies ist ein überaus interessanter Punkt in einem der Schwindsucht förderlichen Klima wie dem unsrigen, in dem alljährlich Tausende von Erkrankten sterben – dem Umstand zu, *auf welche Weise* die Öffnungen der Atemwege und der Lunge durch den oberen Teil des Bartes, nämlich den Schnurrbart geschützt sind. Üblicherweise saugen wir die Atemluft durch die Nase ein und stoßen sie durch den Mund wieder aus – obschon es gelegentlich auch zu einem funktionalen Austausch der beiden Atemwege kommt. Im sogenannten Nasenrachen ist das Innere unseres Riechorgans durch einen leicht gekrümmten Durchlass mit dem hinteren Eingang von Mund und Hals verbunden. Da nun die einströmende Luft zwangsläufig der Richtung des Zuges zu folgen hat, so werden Sie gewiss leicht feststellen, dass sämtliche durch die Nasenlöcher angesaugte Atemluft durch die Haare des Schnurrbartes hindurch- oder zumindest über sie hinwegströmen muss und dabei erwärmt wird, und wenn die Luft durch den Mund eingesaugt wird, so muss sie unter dem Schnurrbart hindurchströmen und wird dabei erwärmt, wie unter den Traufen eines strohgedeckten Daches.

Der Schnurrbart aber erwärmt die eingeatmete Luft nicht nur, sondern filtert auch überschüssige Feuchtigkeit sowie Schmutz, Staub und Rauch aus ihr heraus – und doch steht wohl zu erwarten, dass es schon bald als vernünftig angesehen werden wird, die Oberlippe ihres schützenden Saums zu berauben, so wie sich die Augenbrauen zu rasieren oder die Wimpern auszuzupfen.*

Diejenigen, denen das Ausmaß der vermeidbaren Erkrankungen unter unseren Handwerkern – Erkrankungen, deren Ursache einzig in deren Beschäftigung liegt – unbekannt ist, muss ich auf Mr Thackrahs Buch über dieses spezifische Thema verweisen. Der wissenschaftliche Einfallsreichtum hat seit jeher versucht, Vorrichtungen zu entwickeln, um die Männer von einigen dieser gesundheitlichen Beeinträchtigungen zu entlasten, doch die Pläne wurden stets für zu umständlich oder anderweitig unpraktikabel befunden. Wie es so oft geschieht: Was *die Menschen* am dringendsten suchen, hat *die Natur* ihnen unmittelbar unter die Nase gelegt. Mr Chadwick, dem die Öffentlichkeit für zahlreiche wertvolle Erkenntnisse in Fragen der allgemeinen Gesundheit verpflichtet ist, und Dr. Alison aus Glasgow – von denen der eine die Eisenpartikel bemerkte, die sich in den Bärten ausländischer Schmiede verfingen und diese verfärbten, und dem anderen fielen die staubigen Bärte ausländischer Maurer bei der Arbeit auf – gelangten unabhängig voneinander zu der Schlussfolgerung, dass der Eisen- und Steinstaub wesentlich besser im Bart aufgehoben sei (von dem er sich einfach abwaschen ließ) als in der Lunge, wo er unweigerlich einschlägige Krankheiten verursacht hätte. In Edinburgh etwa wird die Lunge eines Maurers aufbewahrt, die nichts anderes ist als eine starre Masse aus Stein. Die erwähnten

* Ich kann hier aus persönlichem Erleben berichten, dass ich in jüngeren Jahren bei Kälte häufig an einer Schwellung der Oberlippe litt und mir daher vor einer Reise in die Schweiz einen üppigen Schnurrbart wachsen ließ. Während einer sechswöchigen Wanderung, bei der ich allen nur erdenklichen Witterungen ausgesetzt war und wegen keiner davon einen Halt einlegte – im einen Moment in warmen Tälern und ein paar Stunden später auf eisigen Berggipfeln –, spürte ich niemals auch nur die geringste Unbehaglichkeit rund um den Mund. Nach meiner Rückkehr allerdings war ich töricht genug, mich zu rasieren, und ich bezahlte bitterlich für mein Handeln.

Gentlemen veröffentlichten ihre Überzeugungen, und mithilfe der förderlichen Verbreitung durch die Presse fanden diese Erkenntnisse, unterstützt durch Artikel im *Builder* und in Dickens' *Household Words*, schon bald ihren Weg zu unseren Handwerkern, von denen viele das Experiment ausprobiert und Zeugnis von dessen zufriedenstellenden Ergebnissen abgelegt haben. An dieser Stelle wollen wir auch unserer Hoffnung Ausdruck verleihen, dass die wiederholt geäußerten Einschätzungen hervorragender Armeechirurgen endlich Gehör finden und der britische Soldat von seiner apoplektischen Lederhalsbinde befreit wird, um stattdessen jenen Schutz zu tragen, mit dem die Natur ihn ausgestattet hat. Gegen Letzteren kann selbst der strengste Ökonom nichts einwenden, da er den Ausgabenschätzungen nichts hinzufügt, während er es dem Soldaten gestattet, dem Feind, wenn schon nicht eine kühnere, so doch wenigstens eine eindrucksvollere Front zu bieten, und ihn vor vielen Gefahren des Marsches bewahrt, in dessen Verlauf wesentlich mehr Männer sterben als auf dem Schlachtfeld!

Auch wenn das Thema bislang noch zu wenig wissenschaftliche Aufmerksamkeit erhalten hat, so kann es doch keinerlei Zweifel geben, dass Haare im Allgemeinen noch eine weitere wichtige Funktion haben, nämlich den Fluss der Elektrizität zu regulieren, die so unmittelbar mit dem Zustand der Nerven verbunden ist.

Den Schluss habe ich einer merkwürdigen Tatsache vorbehalten, die allein schon ein vollkommen schlüssiger Beleg für den Schutzdienst des Bartes ist und erklärt, weshalb seine Haare über eine zusätzliche Vorkehrung zur Nährstoffversorgung verfügen. Diese Tatsache besteht darin, dass, während das Kopfhaar sich in der Regel mit zunehmendem Alter ausdünnt, das Barthaar im Gegensatz dazu bis ans Lebensende weiterhin *gedeiht* und *dichter wird*. Wer dies nicht als eine weise und wohltätige Bestimmung erkennt, muss in der Tat für alle Beweise klugen Entwurfs unempfänglich sein, besonders wenn er damit die andere wohlbekannte Tatsache verbindet, dass nämlich die Knochen des Schädels dichter und das Gehirn weniger empfindlich wird, während jene Bereiche, die vom

Bart beschirmt werden, anfälliger sind denn je und immer weniger Kraft besitzen, um sich gegen nachteilige Einflüsse zu behaupten.

Ehe wir fortfahren, sei hier kurz auf die Frage geantwortet, aus welchem Grund Frauen, wenn Bärte für Männer doch so notwendig sind, mit keinerlei Einrichtung dieser Art ausgestattet wurden? Die Erklärung dafür liegt meiner Ansicht nach darin, dass sie eben Frauen sind und folglich niemals dazu bestimmt waren, den Nöten und Schwierigkeiten ausgesetzt zu sein, die Männer zu erdulden haben. Die Frau wurde als hilfreiche Gefährtin des Mannes erschaffen, und es war so eingerichtet, dass der Mann sie im Gegenzug mit all seiner Kraft vor den äußeren Umständen schützen sollte, denen er sich seiner Pflicht folgend kühn zu stellen hatte. Ihr Haar wächst naturgemäß länger, und im Zustand der Wilden lässt sie es für gewöhnlich bis über Hals und Schultern fallen. Von den alten athenischen und langobardischen Frauen heißt es gar, sie hätten ihre Ehemänner aufs Schlachtfeld begleitet und zu diesem Zweck ihr Haar vorn zusammengerafft, um einen Bart nachzuahmen. In zivilisierteren Gesellschaften greift das schwächere Geschlecht auf verschiedene Schutzvorrichtungen zurück, die für das stärkere vollkommen ungeeignet wären. Vom eben Gesagten nehme ich allerdings ausdrücklich das derzeit in Mode befindliche alberne Häubchen aus, das offenbar absichtlich dazu ersonnen wurde, das Schöne eher auszustellen als zu beschirmen, und dazu, unser Mitleid zu erregen und uns erzittern zu lassen, während wir nicht anders können, als zu bewundern!

Zwei merkwürdige Ausnahmefälle bärtiger Frauen dürfen nicht übergangen werden: erstens der einer Soldatin aus der Armee Karls XII., die in der Schlacht bei Poltawa gefangen genommen wurde, nachdem sie mit einem Mut gekämpft hatte, der ihres Bartes würdig war; zweitens der von Margarethe von Parma, der berühmten Statthalterin der habsburgischen Niederlande, die erkannt hatte, dass ihr Bart ihrer Erscheinung eine außerordentliche Würde verlieh, weshalb sie es niemals erlaubte, dass auch nur ein Haar davon angerührt wurde.

# IN DER KUNST

DER BART war jedoch nicht nur dazu gedacht, den soeben beschriebenen wichtigen Zwecken zu dienen, sondern auch dazu, das Schöne mit dem Nützlichen zu verbinden und so dem männlichen Antlitz mannhafte Anmut und unentgeltliche Eleganz zu verleihen. Von seiner pittoresken Ansehnlichkeit haben Dichter und Maler, die berufensten Sachverständigen, umfassend Zeugnis abgelegt. Es ist in der Tat unmöglich, sich eine Reihe bärtiger Porträts – so mäßig sie auch immer ausgeführt sein mögen – anzuschauen, ohne zu spüren, dass sie Würde, feierlichen Ernst, Freiheit, Kraft und Vollkommenheit ausstrahlen, während man beim Betrachten einer Reihe rasierter Gesichter, so erlaucht die Originale oder geschickt die Künstler auch sein mögen, ein Gefühl der artifiziellen herkömmlichen Dürftigkeit empfindet.

Joseph Addison gibt ebendieser Wahrnehmung Ausdruck, wenn er Sir Roger de Coverley auf eine ehrwürdige Büste in der Abtei von Westminster deuten und fragen lässt: »Sahen unsere Vorväter mit ihren Bärten nicht um einiges weiser aus, als wir heute ohne die unseren?« Und weiter: »Was mich betrifft, so vermag ich, wann immer ich meine Galerie auf dem Lande betrete und meine Ahnen anschaue, deren viele starben, ehe sie noch mein Alter erreichten, sie einzig wie all die alten Patriarchen zu betrachten und blicke dabei zugleich auf mich selbst als auf einen trägen, frauenzimmergesichtigen Jüngling. Mit Genuss sehe ich eure Abrahams, eure Isaaks und eure Jakobs, wie sie uns auf den antiken Wandteppichen erhalten sind, mit Bärten bis unter die Gürtel, sodass sie den halben Behang bedecken.« Der Ritter fügte hinzu: »Wenn ich in einer meiner Schriften Bärte empfähle und mein Bestreben darauf richtete, die antike Würde des menschlichen Antlitzes wiederherzustellen, so würde er es noch binnen eines Monats unternehmen, der Mode höchstselbst mit einem prächtigen Schnurrbart voranzugehen.« In Bezug auf diese letzte Anspielung ist es vielleicht geboten anzumerken, dass zu Addisons Zeit, also um die Wende vom siebzehnten zum achtzehnten Jahrhundert, eine Menge an unechtem Haar getragen wurde und der Kopf sowie das Gesicht zumeist glatt rasiert waren.

Um zu zeigen, dass es allein der Bart ist, der jenes Empfinden auslöst, auf das wir verwiesen haben, betrachten wir zwei Zeichnungen des exakt gleichen Originalumrisses, eines griechischen Jupiterkopfes, die eine mit, die andere ohne Bart! Was meinen Sie? Ist dies Experiment nicht eine Art »augenfälliger Demonstration« zugunsten der Natur und eine Rechtfertigung für die Kunst und den Künstler? Sehen Sie nur, wie die Stirn des Bartträgers sich einer gut gestützten Kuppel gleich aufwölbt – welche Tiefe der Blick aus den Augen erlangt – wie fest und entschlossen die Züge wirken – wie das Kantige der Muskulatur gemildert wird – in welch fließende Linien der untere Teil des Ovals ausläuft und welch feierlichen Ernst die dem Gesicht dadurch verliehene längliche Form vermittelt.

Als unterhaltsames und lehrreiches Gegenstück dazu nehmen Sie nun zwei Zeichnungen eines Löwenkopfes, die eine mit und die andere ohne Mähne. Sie werden sofort erkennen, wie viel von der Majestät des Königs der Tiere, wie auch von jener des Herrn der Welt, sich diesem frei fließenden Anhängsel verdankt. Vergleicht man nun diese Zeichnungen mit denen des Jupiter, so lässt sich, wie ich glaube, am Kopf des Löwen erahnen, woher die griechischen Bildhauer ihr Idealbild des edlen Typus gottgleichen Menschseins bezogen.

Nachdem dieser Gedanke mich ankam, hat Mr John Marshall in einem Vortrag an der Government School of Practical Art angemerkt, »dass die Natur nichts unbedeckt lässt außer dem, was schön ist, und dass das männliche Kinn selten ansehnlich ist, weil es *zum Bedecktsein gestaltet* wurde, während das Kinn der Frauen sich im Allgemeinen durch Schönheit auszeichnet«. Zur Untermauerung dieser Einschätzung führte er aus, »dass der Bär, das Kaninchen, die

Katze und der Vogel einen gar scheußlichen Anblick bieten, sobald man sie ihres haarigen und fedrigen Zierkleids beraubt – wohingegen das Pferd, der Windhund und andere Tiere, die so spärlich mit Fell bedeckt sind, dass ihre äußerliche Erscheinung dadurch unverändert bleibt, auch in ihrer nackten Gestalt schön bleiben«. Dieses Argument gilt, wie mir scheint, mit noch größerer Kraft für die verschiedenen Altersphasen des Mannes. Beim Kleinkind ist das Kinn außerordentlich weich, und seine Rundung fügt sich sanft in jene von Gesicht und Hals ein; beim Jungen behält es noch eine feminine Sanftheit der Linie, doch je weiter seine Jugendlichkeit voranschreitet, umso deutlicher treten die Knochen hervor, und allmählich prägen die künftigen Züge sich seinem Antlitz ein; am Beginn des Mannesalters werden die Linien, die sich mit denen des Mundes verbinden, härter, eckiger und entschiedener; in mittleren Jahren entstehen an beiden verschiedene hässliche Einkerbungen, die mit zunehmendem Alter nicht nur tiefer werden, sondern durch den Verlust der Zähne und das Einfallen der Lippen auch zahlreicher werden, wodurch sich natürlich sämtliche mit dem Mund verbundenen Muskelpartien verzerren. Allerdings ist die Kraft der auf Brauchtum gegründeten Voreingenommenheit derart gewaltig, dass Leute, die sich bis zu den Ohren in hohe Hemdkragen und bis zum Kinn in gestärkte Krawatten und steife Halsbinden versenken, sich auch in Wollschals einmummen, bis ihre Hälse so breit sind wie ihre Hüften, und dennoch zögern manche von ihnen nicht, sich in jenem Ausbund an Scheußlichkeit sehen zu lassen – jenem riesigen schwarzen Flecken der Unförmigkeit, einer Atemschutzmaske – und gerade genügend von ihrem Gesicht übrig zu lassen, um uns zu sagen, dass der Ausdruck des männlichen Antlitzes durch das Wiederaufleben des Bartes verletzt würde!

Verlieren wir daher einige Worte über den Ausdruck des bärtigen Antlitzes. Die Werke der Griechen*, die Gemälde der alten

* Elmes führt aus: »Dem Bart in der Kunst kommt die ideale Funktion des Attributs zu, indem er etwa durch seine wellenförmigen Locken den Bart des Jupiter Olympius von dem des Jupiter Serapis unterscheidet (der einen längeren und glatteren Bart besitzt), die strähnigen Bärte des Neptun und der Flussgötter von den kurzen und krausen Bärten des Herkules, Ajax, Diomedes, Odysseus usw.«

Meister, aber vor allem die zeichnerischen Leistungen Raffaels, den man mit vollem Recht den »Maler des Ausdrucks« nennt, ist eine hinreichende allgemeine Antwort auf diesen unüberlegten Anwurf. Denn es wäre doch ganz gewiss seltsam, wenn Er, der das männliche Antlitz erschaffen hat, der die Gesetze eines jeglichen seiner Züge festgeschrieben hat und es in Haar gekleidet wie in ein Gewand, ausgerechnet mit dieser letztgenannten Besonderheit eine aufwändige Vorkehrung getroffen haben sollte, um die Vortrefflichkeit Seines eigenen Werks zu verunstalten! Tatsächlich hätte nichts außer der schleichenden Verweiblichung unserer Gesichter das gegenwärtige rasierte Idealbild hervorbringen können – das Vergessen des wahren Standards für die männliche Schönheit des Ausdrucks, die natürlicherweise, wie der Nordpol eines Magneten dem Südpol, der weiblichen Lieblichkeit entgegengesetzt ist, bei der das Zarte der Linien, das Erröten in unterschiedlichsten Schattierungen und der Blick, der gewinnt ohne den Anschein des Wunsches dazu, Reize sind, die wir alle wahrnehmen und von denen wir zugleich ahnen, wie unangemessen sie wären, übertrüge man sie auf das andere Geschlecht, bei dem die energische und verwegene Stirn, der tiefe, durchdringende Blick, die kühne, verständige Nase und der fleischige, aber feste Mund, verlässlich gestützt auf ein entschlossen vorragendes Kinn, von einem Menschen künden, der einen festgelegten Weg zu beschreiten und anstrengende, harte Arbeit zu tun hat in dieser Welt der Schwierigkeiten und des unaufhörlichen Wandels.

So viel zu dem allgemeinen Anwurf; wenn wir die einzelnen Züge betrachten, so kann es keinerlei Zweifel darüber geben, dass der obere Teil des Gesichtes – der gottähnlichste Abschnitt –, hinter dem der Geist thront, durch den Kontrast zu einem ergänzten Bart an Ausdruckskraft gewinnt. Auch die Nase wird in ein höheres Relief gehoben, während die Augen mehr Tiefe und Glanz erlangen. Der Mund, der vor allem der Sitz der Neigungen ist, da die ihn umgebenden Muskeln jede noch so flüchtige Regung widerspiegeln, verdankt seinen allgemeinen Ausdruck der Linie

zwischen den Lippen – was der Schlüssel zur Familienähnlichkeit ist. Diese Linie tritt durch den Schatten des Schnurrbartes klarer und schärfer hervor, und auch die Zähne gewinnen an Weiß, so wie die Lippen in leuchtenderem Rot erscheinen. Wie bereits ausgeführt, sind im frühen Lebensalter weder der Mund noch das Kinn unansehnlich, doch in späterhin liegt der Fall anders. Es ist kaum etwas auf natürliche Weise Abscheulicheres als bartlose alte Männer (welche die Türken mit einer »gerupften Taube« vergleichen) mit all den tief eingegrabenen Spuren erschöpfter Leidenschaften, unablässiger Gier, enttäuschten Ehrgeizes, der Krallen der Armut, mit den aufgeworfenen Furchen der Maßlosigkeit und den Entstellungen durch Krankheit und Verfall! Der Bart nun, welcher, wie die Römer es formulierten, auf dem Antlitz der Jugend »knospt« in samtweich harmonischem Einklang mit unreifer Männlichkeit und im Fortgang des Lebens allmählich länger und dichter wird, bedeckt, wandelt und verschönert stetig, wie der »verhüllende Efeu« die borkige Eiche oder den antiken Turm, und indem er mit seinen leichten ungezwungenen Formen die schrofferen Züge überspielt, verleiht er selbst dem Verfall frische Anmut, indem er hervorhebt, was noch gefällig ist, und alles Abstoßende verschleiert.

Der Farbton des Bartes ist für gewöhnlich wärmer als der des Kopfhaares, und nach kurzem Nachdenken ahnt man den Grund dafür: Letzteres kommt hauptsächlich mit der Stirn in Berührung, die wenig Farbe besitzt, der Bart jedoch wächst aus dem Gesicht, wo es immer mehr oder weniger davon gibt. Die Natur macht sich nun die Tönung des Gesichtes zunutze, um den Bart zu bemalen – Anlass genug übrigens, nicht zu versuchen, den ursprünglichen Farbton zu verändern –, und trägt auf diese Weise ihre warmen und kalten Farben auf. Niemals werde ich vergessen, was einst einem Gentleman mit rötlicher Hauttönung widerfuhr, der hellbraunes Haar besaß und einen vollen Backenbart in herbstlichem Braun, das sich zu einem wohligen Schwarz vertiefte, und der gut aussah, obgleich seine Züge, vor allem die Nase, keineswegs ebenmäßig waren – und der dann aus einer Laune heraus jäh darauf verfiel, sich seinen Backenbart abzurasieren. Ihres beidseitigen Saumes beraubt, wirkte der Teint seiner Wangen fleckig, seine Nase verloren und kläglich und sein ganzes Gesicht wie ein Haus auf einem Hügel, ausgesetzt dem Nordostwind, nachdem die schützenden Pflanzungen schonungslos abgeholzt worden waren.

Von der folgenden, überaus bemerkenswerten Tatsache im Zusammenhang mit dem Farbton des Bartes erfuhr ich bei einem zufälligen Gespräch mit einem Friseur. Auf meine Bemerkung, dass Männer wie er, die einen hellen Hautton und dunkles Haar besitzen, für gewöhnlich einen purpurn schimmernden schwarzen Bart haben, erwiderte er: »Das ist wahr, Sir«, und er berichtete mir, er sei in seinem eigenen Bart und auch in denen seiner Kunden auf ausgeprägt rote Haare inmitten der schwarzen gestoßen, so wie es heißt, dass sich im grauen Tierfell deutliche Ringe von weißen und schwarzen Haaren befinden. Diese rotviolette Anmutung eines schwarzen Bartes erfährt bei den Persern große Bewunderung, und kurioserweise erzeugen sie diese Wirkung eigens mithilfe des roten Farbstoffs der Henna-Paste, gefolgt von einer Behandlung mit Indigo.

Es gibt noch einen weiteren Punkt in Bezug auf die Farbe, der nicht unbeachtet bleiben sollte. Sämtliche Künstler wissen um den Wert von Weiß beim Klären von Farbtönen. Lenken Sie den Blick eines Menschen auf ein altes, von weißen Haaren umrahmtes Gesicht, ganz gleich ob das einer Frau oder eines Mannes, und er wird eine harmonische Schönheit darin entdecken, die eine künstliche Nachahmung jugendlicherer Farbtöne niemals vermitteln kann. In diesem wie auch in anderen Fällen ist das Natürliche das am meisten Kleidsame.

Erlauben Sie mir, diesen Teil meines Vortrags damit zu beschließen, all diejenigen, die ihre Bärte wachsen lassen möchten, daran zu erinnern, dass es ein Gesetz oberhalb alles Modischen gibt und dass jedes einzigartige Gesicht mit seinem einzigartigen Bart ausgestattet ist, dessen Form und Farbe von ähnlichen Vorgaben abhängen wie jenen, welche die Tönung der Haut sowie die Form und die Farbe des Kopfhaares, der Augenbrauen und der Wimpern bestimmen – und der daher, auch wenn er an sich hässlich sein mag, derjenige ist, der zu ihren jeweiligen Physiognomien am besten passt. Was ein kantiges Gesicht kleidet, wird kein ovales kleiden, und eine hohe Stirn verlangt einen anderen Bart als eine niedrige. Überlassen Sie die Angelegenheit folglich beruhigt der Natur, und zu gegebener Zeit wird sich die angemessene Form- und Farbgebung einstellen. Und hier verfügen all die, welche sich niemals rasiert haben, über einen erheblichen Vorteil gegenüber jenen, die sich dem unnatürlichen Brauch gefügt haben, nämlich den, dass das Haar, selbst wenn es vorhanden ist, sich ausschließlich an der passenden Stelle sichtbar zeigt, dass es in Beschaffenheit und Farbe besser und in seiner Form anmutiger ist.

Und nun, meine Damen und Herren, da alle Historie, wie es heißt, aus der Fabel erwachsen ist, gestatten Sie mir, als eine Art Intermezzo meinem geschichtlichen Abriss eine »Fabel für die Zeiten« voranzustellen.

Spricht einst der Aff' zum Ziegenbock:
»Wozu dieser garstige Bart?
Ich werd dich rasieren ad hoc,
So glatt geschor'n noch kein Schaf ward.«

»Dank dir, Herr Aff', gib mir kurz Zeit!«
Und schon springt der Bock zum Gericht,
Wo Gecken sich tummeln allseit,
die tragen recht Mannhaftes nicht:

Ums sanft're Geschlecht dort zu frei'n,
Halten sie gar noch *sanfter* sich.
»Ah!«, sagt der Bock. »Heißa! O fein,
Jünger der Mode, das werd ich!«

Er nimmt Platz. Der Affe, nicht träg,
Befestigt das Tuch und schäumt auf;
Als – seht nur! – herankommt den Weg
Ein Tross Kirchenväter im Lauf!

Auch nahen allerlei Ärzte,
Und auf seinen Bart jeder weist!
Hochschreckt der Bock, der beherzte,
Wie einer, den die Reue beißt.

»Dem Manne, dem hehren Gestirn,
Ihm zeigen wir uns Untertan;
Bart tragen heut und morgen rasiern –
wo bleibt da von Geist nur ein Gran!

Hier, Aff', dein Kittel! Nimm's Becken!
Die Naturregel ist nur zu wahr:
Schändlich's am Bart kann bloß entdecken
ein Bock, der von jeher ein Narr!«

MORAL

Lasst euren Bart wie natürlich erschaffen,
Von Gott seid ihr *Männer* – und keine *Affen*!

# HISTORISCHER ÜBERBLICK

## Ägypter

Nachdem wir gesehen haben, dass der Bart ein natürliches Merkmal des männlichen Antlitzes ist und der Schöpfer ihn zur Kenntlichmachung, zum Schutz und zur Zierde gedacht hat, lassen Sie uns ein wenig durch die Seiten der Geschichte blättern und die Wertschätzung untersuchen, die er zu verschiedenen Zeiten unter den führenden Zivilisationen, antik und modern, erfahren hat.

Das erste Volk, das sich anbietet, ist das ägyptische, und seine Angehörigen haben die Denkmäler ihrer Götter, Könige und gemeinen Menschen mit überaus eigentümlichen Bartformen ausgestattet. Die Bärte der Götter sind gekräuselt und von der Länge des Ovals des Gesichts; die der Könige gleichen einem ägyptischen Tor und bedecken drei Viertel desselben Maßstabs; die des gemeinen Volks nehmen von diesem ein Viertel ein und sind nahezu quadratisch. Dies Beiwerk war augenscheinlich, da es wie ein aufgesetzter Streifen wirkt, recht häufig unecht, und wahrscheinlich trugen die Ägypter, die sich, wie man an der Perücke im britischen Museum sehen kann, mit künstlichen Haarteilen schmückten, auch falsche Bärte. Manche haben vermutet, dass diese Formen einzig die Andeutung und bloßes Kennzeichen des männlichen Geschlechts an den Denkmälern seien, doch diese Auffassung wird von männlichen Abbildern, die ohne sie dargestellt sind, widerlegt. Dass sie jedoch gelegentlich zu solchem Zweck eingesetzt wurden, lässt sich aus dem königlichen Bart an dem berühmten Symbol des Königtums, nämlich der Sphinx, eindeutig ableiten.

Die Priester dieser antiken Nation, so heißt es, haben sich dreimal in der Woche sämtliche Körperbehaarung entfernt, und sie

nötigten auch das einfache Volk dazu, sich Kopf und Gesicht zu rasieren; dergleichen Pflicht galt auch für alle Sklaven und Diener, obschon sie Ausländer waren. Dass dies aus einem geradezu abergläubischen Verständnis von Sauberkeit erwuchs, wird durch die Bemerkung von Herodot bestätigt, »dass kein Ägypter und keine Ägypterin jemals einen bärtigen Griechen auf den Mund küssen oder von seinem Messer, seinem Bratspieß oder Kochkessel Gebrauch machen würde und nicht einmal das Fleisch eines Tieres kosten, das von seiner Hand geschlachtet worden war«.

In Zeiten der Trauer indes ließen die Ägypter ihr Kopf- und Barthaar wachsen als äußeres Zeichen des Seelenschmerzes.

## Juden

Dies waren die Gepflogenheiten der Ägypter, und es ist höchlich geboten, als Nächstes die Juden zu betrachten, denn zu der Zeit, aus der unsere frühesten Kenntnisse von ihnen als Volk stammen, befinden sie sich unter der Knechtschaft der vorerwähnten Nation; und es wird heute allgemein angenommen, dass die meisten der von Mose begründeten Bräuche mehr oder weniger auf ägyptische Sitten verweisen, von denen er seine Landsleute mit aller Kraft zu entwöhnen trachtete. Wie man es nicht anders erwarten kann von dem inspirierten Gesetzgeber, dessen erhabene Bücher mit der großen Behauptung beginnen: »Und Gott schuf den Menschen zu seinem Bilde«, wurde jedwedes Ansinnen, die natürlichen Züge des »göttlichen Menschenantlitzes« zu verändern, gebrandmarkt und nachdrücklich untersagt. Gleich zweimal wird das Gebot aufgestellt – zunächst für das gesamte Volk: »Ihr sollt euer Haar am Haupt nicht rundherum abschneiden noch euren Bart stutzen«, mit anderen Worten: Ihr sollt deren beider Gestalt nicht verändern, die ich, euer Gott, bestimmt habe! Sodann für die Priester, mit dem Zusatz: »Sie sollen auch keine Glatze scheren auf ihrem Haupt«. Es ist von größter Bedeutung, sich die abergläubische Praxis der ägyptischen Priester ins Gedächtnis zu rufen und sich daran zu erinnern, dass Mose dieses Gebot den geradewegs aus Ägypten kommenden Aaroniten auferlegt hat, denn dies veranschaulicht überaus nachvollziehbar, dass der Brauch der Rasur, selbst wenn er mit der Absicht gepflegt worden wäre, die Gottheit bei der Annäherung an ihre geheimnisvolle Gegenwart mit einem extremen Ausmaß an äußerer Reinlichkeit zu erfreuen, ganz direkt und unmissverständlich verboten war. Es ist, als hätte Gott gesagt: »Was bist du, o Mensch! Der du in deiner fruchtlosen Vorstellung glaubst, ich, dein Schöpfer, wisse nicht, wie ich dich ausstatte! Und der du lästerlich annimmst, du könntest mich erfreuen, indem du irrgläubig opferst, was ich dir in meiner allumfassenden Weisheit geschenkt habe als Schutz und als Zier!« Und wie um die Unterscheidung noch deutlicher zu machen, verbot Mose auf strengste Weise jedwede übliche und natürliche Methode einer derartigen Reinigung des Menschen.

Es ist daher überaus aufschlussreich anzumerken, dass wir genau an der Schwelle der Geschichte auf zwei so gegensätzliche Bräuche stoßen – der eine aufs Schärfste verurteilt, der andere auf höchst ehrfurchtgebietende Weise gutgeheißen. Und es ist umso wichtiger, dies hervorzuheben, da es viele religiöse Menschen gibt, die der Sitte halber der ägyptischen Auffassung anhängen und deren entschiedene Ablehnung vergessen haben. Es gibt viele, die, obwohl ihnen gesagt worden ist, dass gewisse Krankheiten beim aktiveren Klerus besonders oft auftreten und sie davor bewahrt und davon geheilt werden könnten – schlicht indem sie den Bart tragen –, dennoch darauf bestehen, dass ihre Geistlichen den Preis bezahlen, der unweigerlich mit einer Verletzung der Gesetze Gottes verbunden ist, weil ihre Vorurteile sie dazu veranlassen, ein glattes Gesicht einem männlichen vorzuziehen.

Eine weitere Bestätigung für unseren Gedanken, dass der Zweck jenes mosaischen Gesetzes darin bestand, jedes einzelne der natürlichen Merkmale vor wesentlicher Veränderung zu bewahren – Mose wandte sich nicht gegen das Zurechtschneiden des Bartes, das allgemein jüdische Praxis war –, lässt sich im ersten

Vers des vierzehnten Kapitels des Deuteronomiums finden, der die Menschen anweist, ihre Augenbrauen nicht zu rasieren, was bei einigen barttragenden Völkern ein übliches Zeichen der Trauer war. Die Juden, im Gegensatz zu den Persern und anderen, rasierten auch in Trauerzeiten den Bart nicht ab – obgleich sie ihn sich unter der Heftigkeit der orientalischen Seelenpein bisweilen ausrissen –, sondern schnitten ihn in der Regel nur zurecht oder verhüllten ihn, bis die Tage der Trauer vorüber waren.

Gewiss erinnern Sie alle sich an die furchtbare Rache, die David nahm, als seine Gesandten durch das Abrasieren ihrer Bärte entehrt wurden.

Fortan wurde der Bart in all seiner Herrlichkeit von diesem auserwählten Volk getragen, und es wäre uns schlicht unmöglich, uns das Aussehen eines ihrer Patriarchen, Richter, Priester, Propheten oder erwachsenen Könige – oder des erhabenen Gründers unserer eigenen Religion – oder der zwölf Apostel – vom jugendlichen Johannes abgesehen – ohne dieses verehrenswerte und verehrte Merkmal vorzustellen. Welcher Maler würde eine solche Beleidigung unserer geheiligtsten Assoziationen wagen, auch nur einen von ihnen mit der grinsenden Glätte rasierter Reinlichkeit darzustellen!

Dass die Juden auch zu Mohammeds Zeiten noch immer an ihrer ursprünglichen Gewohnheit festhielten, erschließt sich aus dem Gebot jenes Gesetzgebers an seine Anhänger, den Schnurr- und den übrigen Bart zu kürzen, um sich von den Juden zu unterscheiden. Tatsächlich haben sich die Letzteren, in jeglicher Hinsicht ein höchst beachtenswertes Volk, mit all der Kraft religiösen Gefühls und fester Überzeugung an die vorgeschriebene Sitte geklammert. Und obschon in der heutigen Zeit manche der Laien – getrieben vom Wunsch, sich unbemerkt unter die Bevölkerungen Westeuropas zu mischen – die Überzeugung der Bequemlichkeit geopfert haben mögen, sind ihre Rabbiner mit ihrem Bekenntnis zu Wahrheit und Natur stets standhaft geblieben, und zu den unvergesslichsten Eindrücken meiner Jugend gehört die Erinnerung an den Großrabbiner Herschel, der wie der letzte der Propheten die Straßen von London durchstreift, in dunklem Gewand, mit länglichem, bleichem Gesicht und fließendem Bart:

Und Augen, die tiefdunkel glüh'n,
Verächtlich auf Flüchtiges seh'n,
Ruh'nd in heil'ger Vergangenheit
Und schauend das Künft'ge, so weit.

## Assyrer und Babylonier

Die Assyrer und Babylonier, wie wir aus den Forschungen und Entdeckungen von Layard und anderen wissen, trugen höchst ornamentale Bärte, welche die alten Persern von ihnen übernahmen, und die schmalen Bänder, die darin erschienen, waren aus Gold.

## Perser, Araber und Türken

Die antiken Araber, wie ihre Verwandten, die Juden, waren bärtig, und ebenso wie die Letzteren haben auch sie sich ihre Bärte ungeschoren bewahrt, obgleich ihr Glaube mehr als einer Wandlung unterworfen war. Von mohammedanischer Zeit an können wir sie für unsere Zwecke mit den Türken und Persern zusammenfassen, da sie alle denselben Respekt für den Bart offenbaren und ihn als die Vervollständigung und Vollendung des männlichen Antlitzes sowie als das Urbild der Freiheit betrachten – das Rasieren hingegen als Symbol der Entwürdigung und Sklaverei.* Für Mohammed, der das Färben des Bartes billigte, sollte er vorzugsweise von der Farbe des Schilfrohrs sein, jener

* »Es ist üblich, die osmanischen Fürsten als Zeichen der Unterwerfung vor der Regentschaft des amtierenden Sultans zu rasieren; und denjenigen, die im Harem dienen, werden die Bärte rasiert als Zeichen der Knechtschaft und dürfen ihn nicht eher wieder wachsen lassen, als bis der Sultan ihnen die Freiheit geschenkt hat.« - *Burder, Orientalische Bräuche*. Volney berichtet: »Schließlich gestattete Ibrahim Bey es seinem Diener Ali, sich einen Bart wachsen zu lassen, was hieß, dass er ihm die Freiheit schenkte, denn unter den Türken gilt das Fehlen des Bartes als einzig angemessen für Sklaven und Frauen.«

Tönung, welche die Überlieferung dem Bart Abrahams zuschreibt. Eines der Anzeichen persischer Ketzerei besteht in der Bevorzugung eines schwarzen Bartes sowie eines eigentümlichen Zuschnitts desselben, und wegen dieses haarspalterischen Unterschieds führten sie einst einen grausamen Krieg mit den usbekischen Tartaren, in dessen Verlauf sie es sich zur Gewohnheit machten, die ihren Feinden entrissenen Bärte dem Schah als Trophäen zu Füßen zu legen.

Um Beispiele anzuführen für den Respekt, der dem Bart erwiesen wurde, können wir den gemeinen mohammedanischen Schwur »beim Barte des Propheten« sowie die flehentliche Bittformel »bei deinem Bart oder dem Leben deines Bartes« zitieren. Die Türken deuten gemeinhin auf ihren und sagen: »Glaubst du, dieser ehrwürdige Bart könnte lügen?« Und die Aufrichtigkeit eines Mannes wurde so sehr an seinem Bart bemessen, dass bei der Heranziehung eines Zeugen die Länge dieses schmückenden Beiwerks als unentbehrlicher Beleg seiner Befähigung galt. Den Bart eines anderen zu berühren, es sei denn, um ihn respektvoll zu küssen, wird von all diesen Völkern als große Beleidigung angesehen. Begegnen einander zwei Freunde, so ist der Kuss des Bartes, manchmal auf beide Seiten – als Entsprechung unseres Händeschüttelns: »Wie geht es dir?«, und »Möge Gott dir deinen Bart erhalten!« –, eine Form des Segenerbittens für einen Nahestehenden. Im Kreis der Familien wird der Bart als ein Objekt ehrfürchtiger Zuneigung behandelt – Frau und Kinder küssen ihn mit der innigsten und respektvollsten Zärtlichkeit. Um den außerordentlich hohen Wert von etwas zu beschreiben, sagen sie: »Es ist kostbarer als der Bart eines Mannes.«*

»Schande über deinen Bart!« ist ein Ausruf des Tadels, und »Ich spucke auf deinen Bart!« eine Äußerung tiefster Verachtung.

* Dr. Wolff berichtet, Mahomed Effendi habe ihm erzählt, »die Mohammedaner glaubten, dass, obwohl Noah tausend Jahre lebte, keines der Haare seines gesegneten Bartes jemals ausgefallen oder weiß geworden sei, während der Bart des Teufels nur aus einem einzigen langen Haar bestehe«, und derselbe Mahomed, der zwei Leutnants zur See beglückwünschen wollte, habe seiner Hoffnung Ausdruck verliehen, »dass sie eines Tages ebenso prachtvolle lange Bärte haben mögen wie er selbst«.

Als der Schah von Persien im Jahre 1826 mit unserem Botschafter (Sir J. Malcolm) über die Russen sprach, rief er, um deutlich zu machen, wie gering er sie schätzte: »Ich spucke auf ihre Bärte!«*

Den Bart abzuschneiden gilt als außerordentlich große Schmach und Erniedrigung. Das bekannte Wahhabiten-Oberhaupt Saoud machte es sich zur Gewohnheit, als Strafe für die schwersten Vergehen den Bart zu rasieren. Er hatte sich schon lange darum bemüht, die Stute eines Stammesscheichs zu kaufen, aber all seine Angebote waren abgelehnt worden. Der Scheich eines zweiten, mächtigeren Stammes jedoch, dazu verurteilt, seine haarige Ehre zu verlieren, rief beim Erscheinen des Barbiers: »O Saoud, nimm die Stute des Scheichs als Lösegeld für meinen Bart!« Das Angebot wurde akzeptiert und ein Handel über 2500 Silbermünzen mit dem Besitzer der Stute geschlossen, worauf dieser erklärte, er hätte nicht jene noch sonst eine Summe angenommen, wäre es nicht darum gegangen, den Bart eines edlen Scheichs zu retten.

Selbst wenn Krankheit oder ein Unfall die Beseitigung des ganzen oder eines Teils des Bartes notwendig macht, wird ein Araber sich erst im allerletzten Moment dieser Notwendigkeit fügen, um sich sodann in sein Haus zurückzuziehen oder, falls er gezwungen ist auszugehen, einen dicken schwarzen Schleier zu tragen, bis sein Kinn wieder erscheinen kann mit all dessen früherem, ehrenvoll »dichtem Blumenschmuck«.

Fast jeder Mohammedaner trägt einen Kamm bei sich zu dem alleinigen Zweck, seinen Bart in Ordnung zu bringen, und dies geschieht häufig, in Sonderheit nach dem Gebet, wenn der Frömmler für gewöhnlich auf den Fersen sitzen bleibt und emsig den Kamm benutzt. Die dabei ausfallenden Haare werden sorgfäl-

---

* Bei Niebuhr heißt es: »Ich sah einmal in einer Karawane einen Araber, der sich ungeheuer beleidigt zeigte, nachdem ein Mann versehentlich seinen Bart bespuckt hatte. Nur mit äußerster Mühe ließ er sich beruhigen, obwohl der Übeltäter demütig um Verzeihung bat und ihm als Zeichen der Unterwerfung den Bart küsste.« Obzwar ich vermieden habe, den Beleg zu entkräften, indem ich ihn dem Abschnitt zu den Juden beifügte, mag es nun an dieser Stelle interessant sein, darauf hinzuweisen, dass Mose im Buch Numeri befiehlt, einen Mann für sieben Tage als unrein anzusehen, dessen Bart auf diese Weise beschmutzt worden ist, und dass David den Achisch wohl kaum wirkungsvoller von seinem Wahnsinn hätte überzeugen können als dadurch, dass er Speichel in seinen Bart fließen ließ.

tig gesammelt, um entweder mit dem Besitzer begraben oder bereits zuvor in sein Grab gelegt zu werden, nachdem sie eines nach dem anderen gebrochen worden sind, damit die Schutzengel Freiheit erlangen.

Den Bart mit Weihrauch zu parfümieren und zu desinfizieren ist eine verbreitete östliche Sitte.

Die Perser rasieren sich, wenn sie in Trauer sind; und Herodot berichtet davon, dass sie in einem Fall auch die Mähnen und Schweife ihrer Pferde geschoren hätten zu Ehren ihres Feldherrn Mardonios.

Von einem neunmalklugen Sultan heißt es, er habe einst seinen Bart mit den Worten abrasiert: »Meine Räte sollen mich niemals daran herumführen, wie sie es mit meinen Vorfahren taten!« Er vergaß dabei, dass er ihnen immer noch den bequemen Griff seiner Nase gelassen hatte – an der, wie Sie wissen, meine Damen und Herren, die Menschen schon seit undenklichen Zeiten herumgeführt werden. Gestatten Sie mir also zu hoffen, dass niemand dies als einen historischen Präzedenzfall für die Rasur zitieren möge.

Zum Glück waren seine Nachfolger weisere Männer, und ein Sultan zeichnet sich bis heute durch seinen prächtigen Bart aus*, so wie auch der Schah von Persien nebst allen Arabern und deren Oberhäuptern.

## Griechen

Die alten Griechen waren für ihre Bärte in aller Welt berühmt. Sämtliche von Homers Helden sind bärtig, und von Nestor dem Weisen wird erzählt, dass er den seinen streichelte als elegantes Präludium vor einer Rede. Saturn, Jupiter, Neptun, Pluto, Mars, Vulkan, Merkur – sie alle werden mit Bärten dargestellt. Bei Apoll

* Früher galt es unter den Angehörigen des Ritterstandes als eine nahezu unmögliche Glanztat, ein Haar aus dem Bart des Sultans zu zupfen. (Mögen die Russen dies ebenso finden!) Die Romanze des Oberon gründet auf dieser Vorstellung, und Shakespeare lässt Benedikt voller Tapferkeit prahlen: »Ich wollte Euch ein Haar aus dem Bart des großen Chans holen« (das heißt aus dem Bart des Khan, des Mongolenfürsten).

fehlt er, als Zeichen der ewigen Jugend. Herkules und die Halbgötter sind ebenfalls üppig ausgestattet. Und Äskulap, der Gott der Heilkunst, ist – eine bedeutsame Tatsache! – besonders reichlich gerüstet. Als die Mutter des Achill Jupiter anfleht, berührt sie mit der einen Hand seinen Bart, mit der anderen sein Knie.

Wie man angesichts ihrer robusten Wesensart schon vermuten kann, schätzten die Spartaner den Bart ganz besonders. Als ein König namens Nikandros einst gefragt wurde, weshalb dies so sei, erwiderte er: »Weil wir ihn als jene Zierde erachten, die vor allem anderen das rühmliche Kennzeichen des Mannes ist.« Auf die Nachfrage, aus welchem Grund er denn einen *so langen* Bart trage, lautete seine vornehme Antwort: »Nun da er weiß geworden ist, erinnert er mich unaufhörlich daran, mein hohes Alter nicht zu entehren.«* Und Plutarch, nachdem er der den buschigen Haar- und Bartschopf des spartanischen Feldherrn Lysander erwähnt hat, berichtet davon, »dass Lykurg der Ansicht war, eine Fülle an Kopf- und Barthaar mache die Stattlichen noch stattlicher und die Hässlichen noch schrecklicher für ihre Feinde«.

In Betrachtung der Rasur als Zeichen sklavischer Unfreiheit zwangen sie ihre obersten Richter dazu, sich für die Dauer ihrer Amtszeit die Oberlippen zu rasieren, um sie daran zu gemahnen, dass sie, obzwar Sachwalter der Gesetze, ihnen dennoch auch selbst unterworfen waren.

Die Griechen insgesamt trugen weiterhin Bärte, bis der Verfall der athenischen Tugenden diesen freien Staat in die Abhängigkeit vom mazedonischen Eroberer brachte, der laut Plutarch seinen Soldaten befahl, sich zu rasieren, auf dass deren Bärte dem Feind keinen Griff böten. Dabei muss er sich zweifellos mitten in einem

---

* Der Reverend John More aus Norwich, ein würdiger Geistlicher zu Zeiten der Regentschaft Elisabeth I., von dem es heißt, er habe von allen Engländern jener Epoche den längsten und üppigsten Bart besessen, scheint sich diesen Spartaner zum Vorbild genommen zu haben, denn als man sich bei ihm nach dem Grund dafür erkundigte, antwortete er, dass keine Tat seines Lebens dem feierlichen Ernst seines Äußeren unwürdig sei. Und ähnlich wie Baudinus, zitiert bei Pagenstecher, hat Friedrich Taubmann, der bekannte deutsche Gelehrte, Humorist und Theologe, auf ebendieselbe Frage geantwortet: »Damit mir, wann immer ich diese Haare sehe, in Erinnerung kommen möge, dass ich kein schnöder Feigling und kein altes Weib bin, sondern ein Mann, der Friedrich Taubmann heißt.«

seiner Trunkenheitsanfälle befunden haben, denn sonst hätte er ihre Bärte wie jene der alten griechischen Krieger stutzen lassen können.* Wie dem auch sei, die griechische Freiheit und der griechische Bart vergingen gemeinsam.

Diogenes, ein Zeitgenosse Alexanders, fragte einmal einen glattkinnigen Sinneslüstling, ob er mit der Natur hadere, die ihn zu einem Mann statt zu einer Frau gemacht habe. Und Phokion wies einen, der gern die Leute umgarnte und einen langen spartanischen Bart zur Schau trug, mit den Worten zurecht: »So Ihr gar unbedingt schmeicheln müsst, weshalb stutztet Ihr Euch nicht Euren Bart?«

Wer in der Rasur einen Ausbund an Kultiviertheit erblickt, der wird die Tatsache merkwürdig finden, dass die einzige Gruppe im alten Griechenland, welche sich ihre Bärte unter allen Wechselfällen bewahrte, die der Philosophen oder Liebhaber der Weisheit war – diejenigen, mit denen alles, was den griechischen Intellekt auszeichnete, zum besonderen Studium und zum Beruf wurde, und die zweifellos der kultivierteste Teil der Gemeinschaft waren.

Zu Zeiten des Kaisers Justinian besannen die Griechen sich wieder auf den Bart, der fortan von allen Herrschern Griechenlands bis hin zum letzten getragen wurde, dem unglücklichen Palaiologos, der bei der Eroberung Konstantinopels durch die Türken tapfer kämpfte und fiel. Ihnen allen galt der Bart als Sinnbild des Königtums – als Kennzeichen königlicher Majestät.

## Etrusker – Römer

Die Etrusker stellten ihre Götter mit Bärten dar und trugen auch selbst Bärte, ebenso wie die Römer. Jeder Schuljunge erinnert sich

* Dass der Bart allerdings zu antiker Zeit, als die Schwerter, besonders jene der Griechen, sehr kurz waren, dem Feind durchaus einen Griff bot, ist hiermit zugestanden. Und ich besitze einen Stich von einem der vatikanischen Entwürfe Raffaels, auf dem ein Soldat dargestellt ist, der soeben einen anderen niedermetzelt, den er beim Bart gepackt hält. Doch muss dies ein armseliger Waffenführer sein, der in der heutigen Zeit einem Mann erlauben würde, seinen Bart zu packen, ohne ihn bei dem Versuch in Stücke zu schlagen oder zu durchbohren.

an die Ehrfurcht, von welcher die eindringenden Gallier ergriffen wurden, als sie beim Betreten des Senatshauses die römischen Senatoren erblickten, still und regungslos dasitzend gleich den Göttern, und auf den ersten Blick hielten die Barbaren sie für ebendiese, bis einer, der kühner war als der Rest, am Barte des edlen Marcus Papirius zupfte, woraufhin dieser empört seinen Stab hob und damit unbewusst das Signal gab zur Ermordung nicht nur seiner selbst, sondern auch seiner ehrwürdigen Landsleute.

Während der besten Zeiten der Republik, in denen die althergebrachte römische Tugend noch etwas von ihrer ursprünglichen Kraft in sich trug und noch nicht von den eingeführten Lastern und verweichlichten Bräuchen der eroberten Nationen untergraben und ausgehöhlt worden war, trugen und verehrten sämtliche Staatsmänner, Helden, Priester und einfachen Menschen Roms die mannhafte Pracht des Bartes!

Erst im Jahre Roms 454, etwa drei Jahrhunderte vor Beginn unserer Zeitrechnung, importierte einer der zahlreichen verderbten Prätoren, die für gewöhnlich mit fremdem Gold beladen und von fremdem Luxus verwöhnt nach Hause zurückkehrten, einen ganzen Tross von Barbieren aus Sizilien; und das leichtgläubige Klatschmaul Plinius verunglimpft den jüngeren Scipio Africanus – verleumderisch *on dit*! – mit der Behauptung, »dass er der Erste war, der sich seinen ganzen Bart scheren ließ«. Dies ist nur ein weiterer jener Fälle, in denen ein törichter Brauch, gleich einem geistlosen Witz, auf einen weltweit berühmten Namen zurückgeführt werden soll.

Noch lange Zeit nach dem oben genannten Datum wurde der Bart nur in Teilen rasiert oder gestutzt, wobei für beides im Lateinischen dasselbe Verb (*tondere*) verwendet wird. Freilich, nachdem die Mode sich einmal gefestigt hatte, hielt man es, ganz wie bei uns, schließlich für ungebührlich, einen Bart zu tragen, und Marcus Livius wurde bei seiner Rückkehr aus der Verbannung von den Zensoren dazu gezwungen, sich zu rasieren, ehe er im Senat erschien.

Mit der immer rascheren Zunahme des Lasters und der Verweichlichung in diesem einst so robusten Volk hielt das Verschwinden des Bartes Schritt.* Cäsar, der eigentliche Begründer des Reiches, welcher jeglicher Art von Ziererei und Ausschweifung als Maske tiefgründig ehrgeiziger Pläne frönte, rasierte sich selbstverständlich†, und in der Folge blieb die Rasur weiterhin imperiale Mode bis hin zur Zeit des Hadrian (dessen kühnen römischen Kopf ich ausstellte als den des ersten Wiederherstellers männlicher Schönheit). Von seiner Zeit an trugen die meisten der folgenden Kaiser Bart‡, bis hin zu Konstantin dem Großen, der sich aus Aberglauben rasierte. Sein Vater hatte noch einen edlen Bart.

Sogar nachdem die Sitte der Rasur um sich gegriffen hatte, wurde das erste Erscheinen des Bartes mit Jubel begrüßt, und zwar für gewöhnlich rund um die Zeit der zeremoniellen Erlangung der Toga. Die »Erstlingshaare« wurden feierlich einem Gott geweiht – ein Relikt der einstmals erwiesenen Hochachtung –, wie im Falle von Nero§, der die seinen in einer goldenen, juwelenbesetzten Schatulle dem kapitolinischen Jupiter darbot.

---

* Neben der Rasur griffen die römischen Männer, je weiter sie in ihrer luxusverwöhnten Schwächlichkeit voranschritten, auch zu Enthaarungsmitteln, Pinzetten und allerlei anderen Gerätschaften, um sich so wenig männlich und so ausufernd fraulich wie nur irgend möglich zu machen; und die Schriften ihrer Satiriker sind reich an Passagen – welche sich ohne Verletzung der Anstandsregeln nicht wiedergeben lassen – über die Gründe und Folgen dieser Aufhebung der unterscheidenden Eigentümlichkeiten der beiden Geschlechter.

† Bei Sueton heißt es: »Er war übertrieben sorgfältig, was seinen Körper betraf, sodass er sich nicht allein scheren und rasieren ließ, sondern auch zupfen.«

‡ Pagenstecher berichtet: »Einer der Kaiser Roms verweigerte einigen Gesandten der Veneter die Audienz, weil sie keine Bärte trugen.«

§ Der Zweig, zu dem Nero an seinem römischen Stammbaum gehörte, hieß Ahenobarbus, was kupferfarbener oder roter Bart bedeutet; und die Legende der Familie besagte, die Dioskuren hätten einem ihrer Vorfahren einst einen Sieg verkündet, ihm sodann, um die Wahrhaftigkeit des Gesagten zu bekräftigen, über die pechschwarzen Kopf- und Barthaare gestrichen und sie dabei rot gefärbt. Gnaeus Domitius, der gemeinsam mit Lucius Crassus dem Redner Zensor war, empfand laut Pagenstecher »allzu großen Stolz über den seinen«, und Crassus hat das folgende Epigramm darauf abgeschossen: Quid mirum si barbam habet aeneam Domitius cum et os ferreum et cor habet plumbeum. (Wen wundert's, dass Domitius einen kupfernen Bart hat, wo er doch auch eiserne Knochen besitzt und ein bleiernes Herz.)
Shakespeare (der Ungelehrte!), dem niemals ein Merkmal entgeht, lässt seinen Enobarbus (der Neros Urgroßvater war, einen Bart trug, wie auf seinen Münzen zu sehen, und als fähiger kühner Krieger galt) unter dem Zauber Kleopatras folgendermaßen von Antonius sprechen:

Das Rasieren zum Zeichen der Trauer war frührömische Sitte, doch nachdem das, was als Entbehrung gegolten hatte, zu einer allgemeinen Mode geworden war, durfte der Bart in Zeiten des Kummers wachsen, um persönliche Vernachlässigung anzuzeigen.*

Die römischen Philosophen, ebenso wie die griechischen, schätzten einen langen Bart als Sinnbild der Weisheit. Die folgende Anekdote belegt, dass dieses Anzeichen bisweilen ein trügerisches war. Einer der Kaiser, der von einem Mann mit langem Gewand und Bart belästigt wurde, fragte ihn, was er sei. »Siehst du nicht, dass ich ein Philosoph bin?«, war die Antwort. »Ich sehe den Umhang und auch den Bart«, sagte der Kaiser, »aber der Philosoph, wo ist er?«

Ich darf diese kurze Betrachtung der römischen Gepflogenheiten nicht beschließen, ohne die lehrreiche Tatsache zu erwähnen, dass die Sklaven der frühen Römer zum Zeichen der Knechtschaft rasiert wurden und es ihnen nicht erlaubt war, das Merkmal eines freien Mannes zu tragen, solange sie nicht aus der Leibeigenschaft entlassen waren. In späterer Zeit trugen die Sklaven, nun als die Mannhaftesten, einen Bart und rasierten sich erst, wenn sie berechtigt waren, mit ihren verderbten und lasterhaften Herren auf eine Stufe gestellt zu werden!

---

LEPIDUS: Mein Enobarbus, es ist wohlgetan
Und bringt dir Ruhm, bewegst du deinen Feldherrn
Zu mildem, sanftem Wort.
ENOBARBUS: Ich werd ihn bitten,
Zu reden wie er selbst. Reizt Cäsar ihn,
So schau Anton auf Cäsars Haupt herab
Und donnre laut wie Mars! Beim Jupiter,
Hätt ich Antonius' Bart an meinem Kinn,
Heut schör ich ihn nicht ab!

Diese Passage verbindet den Bart offensichtlich mit männlicher Entschlusskraft und das Rasieren mit einem Mangel derselben, denn späterhin kleidet Enobarbus Antonius' Verweichlichung in diese Worte:

Unser höflicher Anton,
Der keiner Frau noch jemals Nein gesagt,
Zehnmal recht schmuck barbiert, geht zu dem Fest,
Und dort muss nun sein Herz die Zeche zahlen,
Wo nur sein Auge zehrte.

* Arcite widmet in der *Erzählung des Ritters* aus Chaucers Canterbury Tales seinen Bart dem Mars:

Und mich dabei durch einen Schwur verpflichten,
Des Hauptes langes Haar und meinen Bart
Dir hinzugeben, ob bislang bewahrt
Vor Messer und vor Schere sie geblieben.

# KIRCHENGESCHICHTE

Ein kurzer Blick auf die Kirchengeschichte wird uns die eine oder andere interessante Erkenntnis liefern. Die meisten Kirchenväter hießen das Barttragen gut und gingen selbst mit edlem Beispiel voran. Clemens von Alexandria sagt: »Die Natur schmückte den Mann wie den Löwen, mit einem Bart, als Zeichen der Kraft und der Herrschaft.« Laktanz, Theodoret, Augustinus und Cyprian sind allesamt überaus wortgewandt im Lob dieses natürlichen Merkmals, über das in der Frühzeit der Kirche, als Fragen der Disziplin notwendigerweise viel von der Aufmerksamkeit ihrer Führer in Anspruch nahmen, zahlreiche Streitgespräche entbrannten. Um derlei Disput zu beenden, beschloss die Karthagoer Synode von 252 im Kanon 44, »ein Geistlicher soll *sein Haar nicht wachsen lassen und seinen Bart nicht rasieren*« (Clericus nec comam nutriat nec barbam radat). Und Bingham zitiert einen frühen Brief, in dem es über einen Mann, der vom Laien zum Priester geworden war, heißt: »Sein Gebaren, sein Gang, sein Anstand, seine Miene und seine Rede waren allesamt *fromm*, und *im Einklang damit war sein Haar kurz und sein Bart lang*«, was Beleg dafür ist, dass man Paulus in jener frühen Epoche besser verstanden hat als zu späteren Zeiten.

Im Anschluss daran wurde der Bart dem Klerus mal anempfohlen als kleidsamer Ausdruck feierlichen Ernstes, mal verdammte man ihn wegen der asketischen Vorstellung, ein feiner Bart sei womöglich eine Brutstatt des Hochmuts. In manchen der Klöster trugen die Laien Bart, während die Ordensmitglieder rasiert und die Haare, Überbleibsel eines früheren Aberglaubens, andächtig Gott geweiht wurden, mit speziellen Gebeten und beeindruckenden Zeremonien.

Den Mitgliedern eines bestimmten Zisterzienserordens war es eigens erlaubt worden, Bärte zu tragen, und sie wurden daher *fratres barbati* oder bärtige Brüder genannt.

In den militärischen Ordensgemeinschaften der Kirche, wie etwa bei den Johannitern oder den Templern, trug man stets Vollbart.

Das Berühren des Bartes war zwischenzeitlich Teil einer Feierlichkeit, mit der ein Mann die Übernahme der Patenschaft für ein Kind anerkannte.

Die Frage des Tragens oder Nichttragens eines Bartes zählte zu den fruchtbaren Quellen für Auseinandersetzungen zwischen der römischen und der griechischen Kirche. Letztere, deren feste Glaubenstreue ihrer Orthodoxie alle Ehre macht, stand mannhaft zu den frühkirchlichen Beschlüssen und weigerte sich, auch nur einen einzigen glatt rasierten Heiligen in ihren Kalender aufzunehmen, während sie die römische Kirche für deren diesbezügliche Schwäche von ganzem Herzen verachtete. Auf der anderen Seite erließen die Päpste, um den Unterschied zwischen dem östlichen und dem westlichen Christentum deutlich zu machen, schon recht früh eine Reihe von Vorschriften *de radendis barbis*, also über die Rasur des Bartes. Hin und wieder jedoch gelangte ein alter Haudegen wie Papst Julius II., der sich von Michelangelo mit gezogenem Schwert in der Hand als Skulptur verewigen ließ, oder ein Kardinal wie Pole oder Allen nebst vielen Bischöfen zu der Überzeugung, dass Glaube und Natur sich womöglich in Einklang bringen ließen, wenn man sich einer umfassenden und wahrhaft katholischen Sicht auf beide befleißigte.

Die führenden englischen und deutschen Reformatoren trugen Bärte (wenn Luther sich auf einen Schnurrbart beschränkte, so geschah dies, weil seine mönchische Angewohnheit der Rasur zu stark für ihn war), und die meisten Märtyrer des protestantischen Glaubens wurden bärtig verbrannt.

α.
β.

# NEUERE GESCHICHTE

## Britannier

Die Britannier, ebenso wie ihre Nachbarn, die Gallier*, waren allesamt bärtig, auch wenn laut Cäsar und anderen ihre Häuptlinge, wahrscheinlich zwecks Unterscheidbarkeit, nur einen ausladenden gezwirbelten Schnurrbart trugen. Die Druiden und ihre Nachfolger, der angestammt britische Klerus, betrachteten diese natürliche Bedeckung als Verdeutlichung ihrer Würde und als Zier ihres Amtes und ihres Alters.†

## Sachsen

Die Angelsachsen brachten die ihrigen Bärte herüber, für die sie eine gegabelte Form bevorzugten, und diese wiederum konnte entweder zwei- oder dreispitzig sein, oder plutonisch und neptunisch.

Der heilige Augustinus wird, als er im sechsten Jahrhundert auf diesen Eilanden erschien, um sie zu bekehren, mit Bart dargestellt. Seine Nachfolger müssen sich bald rasiert haben, denn ein Autor des siebten Jahrhunderts beklagt sich, die Angehörigen des Klerus seien inzwischen so lasterhaft geworden, dass sie sich von den Laien kaum noch durch ihr Handeln, sondern nur noch durch ihren Mangel an Barthaar unterschieden. Der erlauchte Alfred war um die Bärte seiner Untertanen derart besorgt, dass er die damals

* Auch die Goten und Daker trugen Bärte, wie man auf den römischen Denkmälern sehen kann. Die Magyaren schmückten ihre langen Exemplare, wie Raumer berichtet, mit Gold und Edelsteinen, und die Chatten hatten es sich zur Gewohnheit gemacht, sich das Kopf- und Barthaar so lange nicht zu stutzen, bis sie ihre Männlichkeit bewiesen hatten, indem sie in der Schlacht einen Feind töteten.

† Eine der Legenden um König Artus erwähnt einen Riesen, der eine »große Zurschaustellung einheimischer Erzeugnisse« betrieb, bestehend aus einem »Umhang, der mit den Bärten von Königen gesäumt war«.

erhebliche Geldbuße von zwanzig Shillings für jeden erließ, der den Bart eines anderen böswillig versehrte. Die Dänen, die in dieses Land eingedrungen sind, waren bärtig, berichtet Fosbrooke; manche von ihnen sollen sechsspitzige Bärte getragen haben, und historisch verbürgt ist König Sven der Gabelbart.*

Während dieser Epoche erblühte die französische Monarchie. Ihren ersten Königen war der Bart heilig, und sie verzierten ihn mit Gold. Ihre Untertanen waren stolz auf ihn, da er sie als freie Männer auswies im Gegensatz zu der verkommenen Bevölkerung Roms. Alarich berührte den Bart von Chlodwig I. zur feierlichen Bestätigung eines Vertrages und zum Anerkenntnis Chlodwigs als seines Paten. Die Merowinger-Dynastie war bärtig. Dann kam Karl der Große, der bei seinem Barte schwor, so wie auch die deutschen Kaiser Otto I. und Barbarossa nach ihm. Die folgende Anekdote veranschaulicht den damalig festen Glauben an die Heiligkeit dieser Form der Beschwörung: Ein Bauer, der auf den Reliquien zweier heiliger Märtyrer einen falschen Eid abgelegt hatte, ergriff anschließend zur Bekräftigung seinen Bart und rief, der Himmel möge ihn Lügen strafen, worauf sämtliches Barthaar ihm in die Hand fiel!

Karl der Große verfügte ebenfalls, dass jeder, der einen anderen Rotbart oder Rotfuchs nannte, eine empfindliche Geldbuße zu entrichten hatte, ein Gesetz, dessen Grund in zwei deutschen Redewendungen aufscheint:

*Rothbart nie gut ward,*
*Rothbart, Schelmen-Art,*

und auf die Spitze getrieben wird es in der Erzählung von einem spanischen Adligen, der einst einen Mann eines Verbrechens an-

* Zahlreiche Herrscher trugen den Beinamen *der Bärtige* – etwa der byzantinische Kaiser Konstantin Pogonatus, Graf Gottfried VI., der Kaiser Barbarossa sowie zur Zeit der Regentschaft Maximilian I. Eberhard Herzog von Württemberg, dessen Weisheit wahrhaftig mit seinem Bart gewachsen sein könnte und auf den der folgende Vers gemünzt wurde:
*Hic situs est qui barba dedit cognomina Princeps,*
*Princeps Teutonici gloria magna soli.*
(Hier ist ein Fürst, dessen Bart ihm den Beinamen gab,
Ein Fürst zum Ruhm teutschen Landes.)

klagte und, nachdem Letzterer sich als unschuldig erwiesen hatte, ausrief: »Wenn er es auch nicht getan hat, so hat er die Tat doch ausgeheckt, denn dieser Halunke hat einen roten Bart!«

Wer nun nach Trost sucht angesichts dieser üblen Verleumdung, die mutmaßlich auf die alte, aus seinem Namen abgeleitete Vorstellung zurückgeht, dass Judas Iskariot einen roten Bart hatte, den kann ich hier glücklicherweise auf eine Predigt* über diesen Erzverräter verweisen, voller Witz, Pathos und Einbildungskraft und verfasst vom berühmten Abraham a Sancta Clara, der den roten Bart edel verficht und die folgenden Gewährsmänner anführt:

- mehrere erlauchte Römer
- den Kaiser Barbarossa
- Hanquinus Rufus, König der Goten
- die Bischöfe Gaudentius und Gandulfius
- die Märtyrer Dominicus, Maurinus und Savinianus.

Während der Wirrnisse, in die das Reich nach dem Ableben Karls des Großen geriet, erschienen die Nordmänner, und eine Schar unter Rollo, die konvertierte und sich in der heutigen Normandie niederließ, wurde in der englischen Geschichte als Normannen bekannt. Nachdem sich unter der Herrschaft von Eduard dem Bekenner (dessen Kopf auf dem Teppich von Bayeux dargestellt ist) zu diesen ein zunehmendes Zutrauen entwickelt hatte, etablierte sich allmählich eine normannische Gesandtschaft bei Hofe, und im Zuge dessen wurden normannische Bräuche, unter denen auch die Rasur war, teilweise übernommen. Harald, als Vertreter des urenglischen Adels, trug weiterhin seinen Bart, wie von einem zeitgenössischen Buchmaler illustriert; Wilhelm der Eroberer jedoch ist wie die meisten seiner Anhänger nur mit einem Schnurrbart sowie kurz geschorenem oder rasiertem Haupthaar dargestellt. Es war diese *barbarische* Mode, die Haralds Spione

* *Judas der Ertz-Schelm.*

dazu veranlasste, ihrem Herrn zu berichten, dass die Eindringlinge eine Armee von Priestern seien.

Wilhelm soll den Versuch unternommen haben, die sturen Sachsen zur Rasur zu zwingen, doch viele von ihnen verließen lieber das Reich, statt sich von ihren Bärten zu trennen. In solcher wie in vielerlei anderer Hinsicht eroberte die angelsächsische Standfestigkeit schließlich die Eroberer, und die normannischen Mächtigen ergaben sich alsbald der einheimischen Gepflogenheit. Bereits von Heinrich I., also *nur 34 Jahre nach Wilhelms Landung*, erfahren wir, dass Bischof Serlon diesem Monarchen bei dessen Ankunft in der Normandie begegnete und sich in einer langen Tirade über die Ungeheuerlichkeiten der damaligen Zeit erging, besonders über lange Haare und buschige Bärte, welche niemals gestutzt würden, damit die Stoppeln nicht die Gesichter der Damen in Mitleidenschaft zögen. Heinrich, in reuevollem Gehorsam, bot dem Bischof seine haarigen Ehren dar, woraufhin dieser eine Schere aus seiner Reisetruhe nahm und sich mit frommem Eifer eigenhändig daranmachte, dem König und den Adligen sämtliche Haare zu stutzen. Das Gebaren des Bischofs hat eine merkwürdige Entsprechung in einem zeitgenössischen Dekret des Senats von Venedig aus dem Jahre 1102, welches das Abschneiden aller langen Bärte als Folge einer päpstlichen Bulle anordnet, in der Paschalis II. das Tragen langen Haars als eitel verdammt*, gestützt auf eine Fehldeutung der Bibelstelle 1. Korinther 11,14, die sich allein auf die Haare des Kopfes bezieht. Auf diesen Text ließe sich eine Predigt verfassen, wenngleich kaum halten, die »höb eine Kunde an, die Seele dir zermalmte«.†

Auch der stämmige König Stephan war bärtig, und ein sächsischer Chronist beklagt, dass in den Bürgerkriegen unter seiner Regentschaft

* Ein Autor in Dickens' *Household Words* berichtet, Papst Anaklet sei der Erste gewesen, der die Gepflogenheit der Rasur eingeführt hat.

† An dieser wie an anderen Stellen sehe ich mich genötigt, unter dem Deckmantel unklarer Andeutungen zu belassen, was ich für Argumente von äußerster Spannkraft halte, nicht nur aus der antiken, sondern auch aus unserer eigenen Geschichte: Angelegenheiten, denen man in den üblichen historischen Abhandlungen nicht begegnet, die jedoch überreichlich zu finden sind in den Werken der Satiriker und Moralisten, welche kühn genug waren, um die überhandnehmenden Torheiten und Laster der Zeit, in der sie lebten, zu geißeln.

friedfertige Männer, denen ihr Vermögen abgepresst werden sollte, an ihren Bärten aufgehängt wurden – ein Beweis, dass Letztere lang und kräftig waren. Stephans Zeitgenosse, Friedrich I. von Deutschland, belegte zur Verhinderung handfester Streitigkeiten jeden mit einer überaus empfindlichen Geldbuße, der am Bart eines anderen zog. Von Heinrich II. heißt es, er habe eine Vision gehabt, in der all seine Untertanen, gleich welchen Standes, ihm lautstark im Schlaf seine Tyrannei und Unterdrückung vorwarfen. Ein zeitgenössischer Buchmaler hat zu unserer Freude mehrere Skizzen entworfen, die wahrhaftig um einiges ausdrucksvoller sind als so manche in unserem neuen Parlamentsgebäude und aus denen wir erfahren, dass die Gesichter der Männer aus allen Schichten des Volkes und des Klerus damals genau so erschienen, wie die Natur sie gemacht hatte. Eine davon zeigt die Anführer der notleidenden Landleute aus jener fernen Epoche, und ich habe sie ausgewählt, weil sie nicht nur mein Thema veranschaulicht, sondern für diesen duldsamen und vieles ertragenden Stand auch von großem Interesse zu sein schien. Fast könnte man den kräftigen Burschen mit dem schmalen sächsischen Spaten vor sich sehen, wie er die Helden mit ihren Heugabeln und Sensen vorwärtstreibt, beinahe buchstäblich mit den Worten Marmions:

Auf, Sibthorp*, auf! Los, Stanley, los!

Heinrichs Königin Eleonore war zuvor die Frau Ludwigs VII. von Frankreich gewesen, doch nachdem dessen Priester ihn überredet hatten, sich den Bart abzurasieren, war Eleonore von ihm so angewidert, dass sie die Scheidung erwirkte.†

* Ich vertraue darauf, dass mein aufrichtiger und unbeugsamer Bruder im Barte mir die Freiheit verzeihen wird, die ich mir mit seinem Namen erlaubt habe. Niemand als ich könnte ein innigerer Bewunderer sein jener mannhaften Weise, in der er zu allen Gelegenheiten fest seine Überzeugung vertritt, und der humorvollen Freundlichkeit seines Wesens, die ihn in privaten wie in öffentlichen Kreisen so beliebt macht. Ich werde ihn stets als einen Mann des Volkes verehren, und sei es nur für seinen langen und mitstreiterlosen Kampf gegen diesen ökonomischen Frevel – diese selbstmörderische Steuer auf Klugheit und Weitblick und Belohnung für Leichtsinn und Unbedachtheit – die Feuerversicherung!

† »Sie hatte«, schreibt D'Israeli, »als Mitgift die reichen Provinzen Poitou und Guyenne in die Ehe gebracht; und dies war der Ursprung jener Kriege, die dreihundert Jahre lang Frankreich verwüsteten und in denen das Land drei Millionen Männer verlor. Und nichts von alldem wäre wohl jemals geschehen, hätte Ludwig VII. sich nicht dermaßen überstürzt den Kopf scheren und seinen Bart rasieren lassen, wodurch er in den Augen unserer Königin Eleonore so überaus abstoßend wurde.«

Richard Löwenherz war bärtig wie ein Löwe, und obgleich er so sehr mit den Kreuzzügen beschäftigt war, dass er keinerlei Wiedergutmachung leisten konnte, so erkannte er doch die Rechtmäßigkeit der lautstarken Klagen an, die der berühmte William Fitz Osbert erhob, besser bekannt als Langbart, Graf von London und König der Armen, der seinem Bart alle Ehre machte, indem er sich der Unterdrückung widersetzte, und der nach heroischem Kampf als das Opfer von Feigheit und Verrat umkam. Die Denkmäler von Roger, Bischof von Salisbury, und Andrew, Abt von Peterborough, belegen, dass in dieser Herrschaftsepoche die Bischöfe bärtig waren, während Äbte und Mönche sich rasierten.

Johann trug einen sogenannten »Judasbart«, dessen seine Taten ohne jede Einschränkung würdig waren. Glücklicherweise übertrumpften die kühnen Freiherrn ihn gewissermaßen mit ihren Bärten, und die Magna Charta war das Ergebnis. Sein Sohn, Heinrich III., hatte einen gemäßigten Bart und die längste Regierungszeit vor George III. Edward I. zeigte den Schotten, wozu ein langer Bart fähig war in Begleitung von langen Beinen und einem langen Kopf.* Dieser König wurde der englische Justinian genannt, da sowohl er als auch der römische Kaiser für die Verbesserung der Gesetze bekannt waren und sie beide das Barttragen schätzten. Der Bart Edwards II. war, wie sein Charakter, eher schmuckvoll als stark, und von seiner Herrschaft blieb hauptsächlich die Komposition eines hübschen Liedchens in Erinnerung, das von Shakespeare zitiert wird: »'s ist lustig ohn Herd, wackelnd die Bärt!«

Der kühne Bart Edwards III. verbreitete Angst und Schrecken in Schottland und Frankreich, und der seines Sohnes, des Schwarzen Prinzen, der so jung starb, war treffender Ausdruck seiner »Tapferkeit im zeltbestandenen Feld«.

Richard II. mangelte es all seinen Fehlern zum Trotz weder an Bart noch an Mut – und Letzterer zeigte sich in seinem Aufeinan-

* Kein wahrer Schotte würde es mir verzeihen, wenn ich unterschlüge, dass der tapfere Wallace »einen höchst tapferen Bart« hatte.

dertreffen mit Wat Tyler und der Verteidigung gegen seine Meuchelmörder. Heinrich IV., der listige Bolingbroke, besaß einen Kinnbart, in dessen jeder Locke ein Ränkespiel lauerte, wofür sein Sohn Heinrich V., der aus anderem Holz geschnitzt war, sich offenbar so sehr schämte, dass er während seiner zehnjährigen Herrschaft zur Buße ein rasiertes Kinn trug, wie man an seinem Denkmal in der Abtei von Westminster sehen kann, dessen Überreste noch existieren.

Unter der Regentschaft Heinrichs VI. blieb die Rasur zu Teilen in Mode, auch wenn der König in seinem späteren Leben selbst bärtig war wie ein Philosoph und es sich wie ein ebensolcher zur Gewohnheit machte, über die Wechselfälle des Lebens zu moralisieren, an denen er keinerlei Anteil hatte. Eduard IV. rasierte sich aus Geckenhaftigkeit, und so auch der glattgesichtige Lump Richard III., der »lächeln und lächeln und doch ein Schurke sein konnte«. Heinrich VII. rasierte sich eigenhändig und schröpfte sein Volk.

Wie sich an Buchmalereien erkennen lässt und wie wir bei Chaucer und anderswo lesen, hielten die meisten aus der Bevölkerung an ihren Bärten fest, unbeeindruckt von den Schwankungen höfischer Mode. Der Dichter, der zur Zeit Edwards III. geboren wurde und unter Heinrich IV. starb, erzählt vom »gabelbärt'gen Kaufmann« und vom Bart des Freisassen, der weiß war »wie die Gänseblumen«; den des Schiffers »durchzauste Sturm genug«, und der des Müllers war »fuchsrot und breit wie ein Grabscheit«; der des Verwalters war kurz geschoren, der des Büttels grindig; und in der verächtlichen Beschreibung des Ablasskrämers mit seinem dünnen Stimmchen, das klang wie das Meckern einer Geiß, heißt es: »Im Gesichte war, // ob unrasiert, doch keine Spur von Haar.«

Heinrich VIII. trug seinen Bart, wie man noch immer auf zahlreichen Tafelbildern sehen kann, für die sein plumpes, aufgedunsenes Antlitz so überaus passend ist, recht kurz gestutzt. Einmal schwor er Franz I., dass er ihn sich so lange nicht mehr schneiden würde, bis er den Letzteren besucht habe, der ihm dasselbe schwor; und als daraufhin am französischen Hof lange Bärte in Mode gekommen waren, fühlte der edle Thomas Boleyn sich verpflichtet, Heinrichs Böswilligkeit zu entschuldigen, indem er behauptete, die Königin von England habe eine unüberwindliche Abneigung gegen ein buschiges Kinn, was angesichts von Heinrichs bekanntermaßen rücksichtsvollem Betragen gegenüber seinen Frauen eine reichlich plausible Abbitte gewesen sein muss! Thomas Morus hatte sich bis zu seiner Einkerkerung rasiert. Als sein Barthaar dann ungehemmt wachsen durfte, fasste er eine solche Zuneigung zu ihm, dass er, ehe er den Kopf auf den Block legte, ihn behutsam beiseitestrich und dabei anmerkte, dass dieser immerhin nicht des Verrats schuldig sei und daher auch nicht bestraft werden dürfe.

Obgleich Franz I. und sein Hofstaat ihre Bärte schätzten, empfahl der Kanzler Antoine Duprat den Erlass einer Steuer auf die Bärte des Klerus und versprach seinem König einen hübschen Ertrag. Die Bischöfe und wohlhabenderen Geistlichen bezahlten die Steuer und retteten ihre Bärte, doch die ärmeren Kirchendiener hatten nicht solches Glück. Während der nachfolgenden Regentschaft sann daher der Klerus auf Rache, und kaum war Thomas Duprat (der Halbbruder des Kanzlers) im Triumph vom Konzil von Trient zurückgekehrt, um das Bistum Clermont in Besitz zu nehmen, schlossen der Dekan und die Chorherrn das Messingtor des Altarraums, durch das man sie, mit Scheren und Rasiermessern, Seife und Becken bewaffnet, auf die Gesetzesschrift *De radendis barbis* deuten sah. Ungeachtet seines vehementen Einspruchs weigerten sie sich standhaft, ihn in sein Amt einzuführen, solange er nicht seinen Bart opferte, welcher der stattlichste seiner Zeit war. Es heißt, er habe sich daraufhin schließlich in sein Schloss zurückgezogen und sei dort vor lauter Verdruss gestorben.

Zur selben Regierungszeit wurde auch Jean de Morvillier durch die Kapitelversammlung von Orléans abgelehnt, doch der gewitzte Kerl förderte einen Brief des Königs zutage mit der Botschaft, in seinem Fall dürften die Vorschriften keine Anwendung finden, da seine Majestät ihn in Ländern einzusetzen gedenke, in denen er nicht ohne Bart erscheinen könne.

Am Hofe von Franz' Widersacher Karl V., der selbst eine durchaus kaiserliche Kinnbedeckung besaß, lebte Jan Vermeyen, sein Maler, ein überaus hochgewachsener Mann, aber mit einem so langen Bart, dass er sich auf dessen Ende stellen konnte, und den er voller Stolz mithilfe von Bändern an seinen Knopflöchern aufhängte. Bisweilen wurde diese gewaltige Haarmasse auf Befehl des Kaisers bei Tisch gelöst, und sodann Türen und Fenster sperrangelweit geöffnet, woraufhin das kaiserliche Gemüt große Freude daran empfand, sie in die Gesichter seiner Grimassen schneidenden Höflinge wehen zu sehen. Ein anderer bekannter deutscher Bart war der eines Kaufmanns aus Braunau in Bayern, welcher so lang war, dass er über den Boden geschleift wäre, hätte sein stolzer Besitzer ihn nicht in einer prächtigen Samttasche verstaut.*

Der vielversprechende Edward VI. starb, noch ehe sein Bart sich entwickelt hatte; der Ehemann seiner Halbschwester Mary trug einen in wahrhaft spanischem Schnitt.

In der Zeit der »guten Königin Bess«, als der gewichtige Lordkanzler† den Reigen anführte und Siegel wie Amtsstab ihm vor die

---

* Southey erwähnt in *The Doctor* den Bart eines gewissen Domenico d'Ancona als die Krone oder den König aller Bärte:

Ein Bart auf Erden so einzig
als je beschrieben in Prosa und Vers,

und Berni berichtet von ihm, »dass der Barbier weit weniger Scheu vor dem Durchschneiden der Kehle des besagten Domenico haben sollte als vor dem Abschneiden eines so unvergleichlichen Bartes«. Doch Southey wird noch übertroffen von einer Anekdote, die Dr. Ehle in seinem Traktat über das Haar erwähnt und bei der die Rede ist von zwei sieben Fuß großen Riesen mit Bärten bis zu den Zehen. Am Hofe eines der deutschen Herrscher verliebten sich beide in dieselbe Frau, und ihr Herr entschied, dass derjenige, dem es gelänge, seinen Rivalen in einen Sack zu stecken, die Maid freien dürfe. Nach einem langen Duell vor versammeltem Hofstaat sackte einer von ihnen schließlich den anderen ein und heiratete das Mädchen. Dass das Paar fürderhin glücklich und zufrieden lebte, wie es bei den Romanciers so schön heißt, ist dadurch belegt, dass sie so viele Zeichen der Zuneigung bekamen, wie es im Tierkreis gibt, und es ist des Bemerkens sowohl physiologisch als auch astrologisch würdig, dass alle zwölf im selben Sternzeichen geboren wurden: Zwillinge.

† Kein Kundiger guten Geschmacks wird bestreiten, dass der Kanzler und andere amtliche Würdenträger mit ihren eigenen Haaren und mit Bärten von »ehrwürdigem Grau« deutlich würdevoller aussähen als in den gegenwärtigen albernen, grillenhaften, unnatürlichen und unkleidsam überzuckerten Efeubüschen mit einem schwarzen Krähennest in der Mitte, in denen Minerva sie wohl leichter für streunende Exemplare ihres Lieblingsvogels, der Eule, halten könnte als für gelehrte, intelligente und logisch denkende »Weise des Gesetzes«.

Füße trudelten, versammelte sie, die keine Puritanerin war und eine rechtschaffen hoheitliche Sympathie für alles Mannhafte und Schickliche hegte, Männer um sich, bei denen pedantischste Höflichkeit sich mit abenteuerlichstem Geist vereinte; und der Bart, wie man wohl hat erwarten können, gedieh und erblühte prächtig. Daher sind wir auch keineswegs überrascht angesichts all der wunderbaren Leistungen ihrer Untertanen an den Waffen, in den Künsten und in der Literatur, durch welche ihre Regentschaft zu einer Ära wurde, auf die wir mit patriotischem Stolz zurückblicken und an der unsere besten Schriftsteller sich bis heute laben wie an einem tiefen, niemals versiegenden Quell.*

Ein dürftiger Abglanz einiger der führenden Köpfe dieser Epoche sind an den Wänden des Hörsaals ausgestellt, wie etwa der scharfsinnige Burleigh, der abenteuerlustige Raleigh, der unbesonnene, aber tapfere Essex, der Großadmiral Nottingham, der die Armada zersprengte, der Kaufmannsfürst Gresham, der in seinem Bart kein Hindernis für seine Geschäfte sah, und der Dichter der Dichter, ob alt oder modern, Shakespeare.

Wie wohl zu erwarten, ist die dramatische Literatur dieser Zeit voller Anspielungen auf jenes Merkmal, das die Männer noch immer verehrten und bewunderten. Als Lear sich an seine niederträchtige Tochter Goneril wendet, kommt ihm kein ergreifenderer Ausbruch beleidigter Majestät in den Sinn als die Worte:

»Schämst du dich nicht, auf diesen Bart zu sehn?«,

---

* Obgleich während dieser Regierungszeit der Versuch unternommen wurde, das Wachstum juristischer Bärte einzudämmen, und zwar von einigen pragmatischen Köpfen im Lincoln's Inn, die einen Beschluss verabschiedeten, »dass kein Mitglied dieses Hauses einen Bart tragen soll, der länger als vierzehn Tage gewachsen ist«, und obgleich die Zuwiderhandlung mit Strafzahlungen, dem Verlust des Hausrechts und dem endgültigen Ausschluss belegt war, so erhob sich doch ein solch starker Widerstand gegen diesen Akt der Tyrannei, dass im Folgejahr sämtliche früheren Vorschriften bezüglich des Bartes wieder aufgehoben wurden.

Um etwa dieselbe Zeit wurde auch in Deutschland der Vollbart teilweise durch den Schnurrbart ersetzt, wie sich bei Pagenstecher zitiert findet: »Anno 1564 führte der Erzbischof Sigismund im Magdeburgischen die Gewohnheit ein, dass man sich die großen Bärte abscheren und davor einen Knebelbart aufsetzen ließ. Das Jahr, da diese Bartreformation vor sich ging, war in diesem Pentameter enthalten: Longa sIgIsMVnDo barba IVbente perIt.« (Sigismund befiehlt das Sterben des langen Bartes im Jahre MDLVV(=X)IIII oder 1564.)

und als Regan den treuen Gloster boshaft am Bart zupft, ruft Letzterer aus:

»Beim güt'gen Himmel, das ist höchst unedel,
Zu raufen meinen Bart!«

In etwas spöttischerem Humor lässt Shakespeare Cressida über Troilus Kinn sagen: »Das arme Kinn! Ist doch manche Warze reicher!« Und Rosalind zu Orlando: »... ein verwilderter Bart, den Ihr nicht habt – doch den erlasse ich Euch, denn, aufrichtig, was Ihr an Bart besitzt, ist eines jüngern Bruders Einkommen.«

Als weitere Charakteristika haben wir die schwarzen, weißen, strohblonden, orangebräunlichen, purpurn durchsetzten und perfekt gelben; den Soldaten leopardenbärtig, den Richter förmlich gestutzt, den hungrigen Bart des Kirchendieners und den Feldherrenbart; und folgende feine Passage, von der Sie mir nachsehen werden, dass ich sie zitiere, wenn auch nur, um eine augenfällige Korrektur zu liefern, die dem Blick der *bartlosen* Kommentatoren natürlich entgangen ist. Denn wenn wir nicht den eitlen Einfall »*Spreu* dem Winde« lesen, sondern stattdessen »*Flaum* dem Winde«, so stellen wir mit der metaphorischen Schönheit auch wörtliche Wahrheit her; Denn was könnte unwiderständiger sein als ein Flaum im Winde, und der Bart geht aus einem »Flaum von Haaren« hervor.

Kein Laster ist so blöde, das von Tugend
Im äußern Tun nicht Zeichen an sich nähme.
Wie manche Feige, die Gefahren stehn
Wie *Flaum* dem Winde, tragen doch am Kinn
Den Bart des Herkules und finstern Mars,
Fließt gleich in ihren Herzen Blut wie Milch!
Und diese leihn des Mutes Auswuchs nur,
Um furchtbar sich zu machen.*

---

* Bei Ben Jonson findet sich unter anderen Anspielungen auf den Bart auch die Folgende aus *Volpone*: Ich bin arg betrübt, einen Bart eurer hehren Länge so ausgeufert zu sehn.

Der geistreiche Robert Greene veröffentlichte im Jahre 1592 einen seltsamen Dialog*, der uns einen Einblick gewährt in einen Barbiersalon zu Zeiten Königin Elisabeths. Tuchhosen klagt über die Aufmerksamkeit, die der Barbier Samthosen angedeihen lässt, auf folgende Weise.

> Ist sein Haupt erst hergerichtet, was unterm Kämmen und Bürsten gute zwei Stunden erfordert, und dann kurios gewaschen mit nichts Üblerem als einer Mottenkugel, so sinkst du so tief wie sein Bart und fragst, ob er gern rasiert werden will oder nicht? Ob er seine Kuppe kurz und spitz haben will, hold wie einen Amoroso, oder lieber breit hängend wie einen Spaten, oder *terrible* wie einen Krieger oder Soldado? Ob er ihn wie einen Wacholderbusch zurückgestutzt oder seine Auswüchse mit einem Rasiermesser abgeritzt haben will? Sollte es ihm Vergnügen bereiten, seine Anhänge gekürzt zu sehen oder die Schnurrhaare sich um seine Ohren ranken wie Zweige des Weinstocks oder streng auf die Lippe getrimmt mit der italienischen Peitsche, um ihn wie ein messingnes Halbprofil eines Säuglings wirken zu lassen – mit derlei drolligen Sätzen, Meister Barbier, umgarnet Ihr Meister Samthosen, und bei jedem Wort ein Schnapp Eurer Schere und ein Knick Eures Knies; wohingegen Ihr, wenn Ihr zum armen Tuchhosen kommt, ihm entweder seinen Bart ganz nach Gutdünken stutzt oder ihn abschätzig fragt, ob ihm der Christusschnitt recht sei, rund wie ein halber Laib Hollandkäse, zu Christi wie unserm Hohn.†

Unter der Herrschaft von Jakob I. blieben Bärte in Mode, und ich gebe hier zwei unter vielen Passagen aus den Stücken von Beaumont und Fletcher wieder, von denen die erste, sogar noch vor

* *A Quip for an Upstart Courtier.*

† Lyly lässt in einem seiner Dramen einen Barbier dessen Kunden fragen: »Nach welchem Zuschnitt, Herr, steht Euch der Sinn? Wollt Ihr einen Bart wie ein Spaten oder ein Dolch? Ein Schirmdach auf der Oberlippe oder einen Verbündeten am Kinn? Den Schnurrbart spitz an den Enden wie Schuhmacherpfrieme oder hängend am Mund wie Ziegensträhnen?«

Butlers *Hudibras*, die humorvollste Beschreibung eines Bartes in englischer Sprache ist. Ein verbannter Fürst in Verkleidung ist seines Bartes wegen soeben zum »König der Bettler« gewählt worden, und Higgen, der Redner der Schar, fährt folgendermaßen fort:

So sah ich's voraus, dass du König würdst,
Und nun bist du's. Doch was braucht's Vorsehn
Für uns, die's wohl dir am Bart ablasen,
Wie für ihn, der dich erkorn! Denn dein Bart
Stellt dich aus und bezeugt dich zur Herrschaft.
O du Bart! Und o du Fürst, dessen Bart
nun wie bezeugt unsern Fürsten bezeugt,
Uns kost's nicht ein Haar. Mög lang er gedeihn
Und dicht und schön, und wer unter ihm lebt,
Soll sicher sein wie unter Bettlers Busch,
Von dem *dies* die Essenz – *jenes* die Form.
Hier ist der Bart – der Busch – der buschig Bart,
In dessen güldener Gunst wir hier stehn,
So lang nun schon, wir all sollten lächeln!
Nicht Frondienst noch Steuern noch Kümmernis,
Kein jähes Unbill und Peitschen des Volks
In diesem Bart lauern, ausgekämmt all.

Und in der *Königin von Korinth* erfahren wir:

Das römische T, dein T-Bart ist Mode,
Und zwiefach drückt's der hörige Höfling aus,
Trunken wie dein reisender Gabelschnitzer.

Die letzte Zeile verweist auf Thomas Coryat den Reisenden, der jüngst die italienische Tafelgabel in England eingeführt hatte. Von diesem römischen T-Bart schreibt ein anderer Schriftsteller humorvoll:

Das römisch T, Die hehre Idee,
offenbart sich selbst schnell.
Doch so hoch es klimmt, Dass sich's entzündt
An sengenden Nasen glutgrell.

Und fügt noch hinzu:

Soldatenbart
Ist häufig von Art
Recht als Spaten gedacht;
Vor dem dann mit Hast
Das Feindheer erblasst
Wähnend, 's Grab sei gemacht.

Im Jahre 1610 starb Heinrich IV. von Frankreich, von dessen Bart es heißt, er habe »eine majestätische Sanftheit und liebenswürdige Offenheit über sein Gesicht gelegt«, und als sein Sohn Ludwig XIII. noch im Kindesalter den Thron bestieg*, begannen die Höflinge und andere, sich um der Harmonie äußeren Scheins willen zu rasieren, und ließen einzig jenes Büschel unangetastet, das *mouche* oder *royal* genannt wurde. Sully jedoch, Heinrichs berühmter Minister, weigerte sich standhaft, diese verweichlichte Gewohnheit zu übernehmen. Als er schließlich an den Hof gerufen und von den Beratern des jungen Königs wegen seines altmodischen Bartes verspottet wurde, wandte sich der Herzog entrüstet an Ludwig und sagte: »Sire! Wann immer Euer Vater glorreichen Angedenkens mir die Ehre eines Gesprächs über ernste und bedeutende Dinge zuteilwerden ließ, war das Erste, was er tat, sämtliche Possenreißer und Bühnentänzer seines Hofes aus dem Zimmer zu schicken!«

* Während der folgenden Jahre jedoch erlangte der Schnurrbart auf Kosten des langsam verschwindenden Vollbartes ein hohes Maß an Gunst, was sich auch unter Ludwig XIV. noch weiter fortsetzte, der ebenso wie all die bedeutenden Männer seines Hofes mit großem Stolz einen solchen trug. In jener Epoche der Galanterie war es für einen Liebhaber nicht ungewöhnlich, sich den Bart von seiner Angebeteten aufrichten, kämmen und pomadisieren zu lassen, und ein Mann der Mode war stets mit jederlei zu diesem Zweck notwendigen Artikeln ausgestattet, vor allem mit Schnurrbartwachs.

Auch Marschall Bassompierre, der etwa um diese Zeit aus einer langen Gefangenschaft entlassen wurde, erklärte später, die größte Veränderung, die er vorgefunden habe, sei, »dass die Männer ihre Bärte und die Pferde ihre Schweife verloren haben«.

Unter unserem ersten Karl* wurden die seitlichen Wangen üblicherweise rasiert, sodass der Bart sich, wie auf den Porträts dieses Monarchen zu sehen, auf den Schnurrbart und ein langes Kinnbüschel reduzierte, sich dabei jedoch einen Teil seiner früheren Eindrücklichkeit bewahrte. Als der Wettbewerb zwischen Kavalieren und Rundköpfen hitziger wurde, schoren manche der Letzteren sich zweifellos nicht mehr nur den Kopf, sondern auch das Kinn – obgleich man sich von anderen erzählt, sie seien mit ihren Bärten so überaus vorsichtig umgegangen, dass sie ihnen sogar Nachthauben aus Pappkarton übergestülpt hätten, um zu verhindern, dass die Haare zerknittert würden.

In mindestens einem Fall aber wurde der Bart demonstrativ lang getragen, wie wir durch die folgenden Zeilen erfahren:

Der würd'ge Ritter innig schwor,
Sein Bart nun säh kein' Schneid',
Als bis dies sünd'ge Land einst wär
Von Joch und Kreuz befreit!
Welch heil'gen Schwur er treulich hielt
Und höchst beflissen trug
Ein struppig's Buschwerk im Gesicht,
Bis man sie beid begrub.

* D'Israeli zitiert einen Autor aus dieser Epoche, welcher in seinem Werk »Bestandteile der Erziehung« schreibt: »Ich bin wohlmeinend gegenüber dem jungen Gentleman, der *voller Neugier auf fein gestaltete Schnurrbärte* blickt. Die Zeit, die er auf das Trimmen, Richten und Zwirbeln verwendet, ist keine verlorene Zeit, *denn je intensiver er über seinen Bart nachdenkt, desto sicherer wird sein Geist zu schätzen lernen und angeregt werden zu mannhaften und beherzten Vorstellungen.*«

D'Israeli erwähnt auch, der Großvater von Elizabeth Thomas, der »Corinna von Dryden«, habe so tief in der Mode jenes Zeitalters geschwelgt, dass sein Kammerdiener jeden Morgen mehrere Stunden damit zubrachte, *ihm den Bart zu stärken und aufzuzwirbeln*, unterdessen er sich vorlesen ließ.

Unter Karl II. verkümmerte der Bart rasch zum bloßen Oberlippenbärtchen und verschwand schließlich ganz. Und wenn wir die französische Nachäfferei der Sitten dieses unenglischen Hofes betrachten, so kann es keinerlei Zweifel geben, dass der Bart schlicht als zu kühnes und männliches Insigne galt, um weiter geduldet zu werden. Als Erstes verschwand er von den Gesichtern des Londoner Großbürgertums, und in der Folge ergaben sich auch die kernigen Landjunker und Freibauern schleichend der sklavisch verweichlichten Mode, die vermittels der Kraft des Vorbilds sogar bis in die Arbeiterstände hinabstieg und diesen ganz neue Bürden und einige körperlichen Gebrechen bescherte, von denen ihre abgehärteten Leiber bis dahin verschont geblieben waren. Es steht sehr zu hoffen, dass, sollte künftig irgendjemand behaupten, das Barttragen wäre eine *ausländische* Mode, andere ihn darauf hinweisen mögen, dass es eine gute althergebracht englische Sitte ist und dass die gegenwärtige Praxis der Rasur aus Frankreich entliehen wurde zu einer Zeit, als wir beileibe nicht genügend Kreditwürdigkeit besaßen, uns etwas anderes zu leihen, da der König, die Höflinge und die Bürger allesamt abhängige Kostgeldempfänger des französischen Monarchen waren! Je baldiger wir uns also nicht mehr rasieren, desto baldiger werden wir die dunkle Erinnerung auslöschen an eine schändliche Zeit unserer Geschichte!

Einen vergnüglichen Beleg dafür, dass der Bart auch nach seinem Niedergang bei Hofe weiterhin von den Landleuten getragen wurde, liefert uns eine Anekdote über den berüchtigten Richter Jeffreys, der mit unverkennbar finsterem Blick einen vor ihm erschienenen Zeugen anherrschte: »Falls deine Gewissenhaftigkeit ebenso groß wie dein Bart ist, Bursche!, so ist sie wohl eine gewaltige.« Worauf der Zeuge erwiderte: »Falls Gewissenhaftigkeit in Bärten gemessen wird, so fürchte ich, dass Eure Lordschaft überhaupt keine besitzt.«

Im Jahre 1700 bestieg Philipp V. den Thron von Spanien mit glattem Kinn; und allmählich folgte man seinem Beispiel, obschon das diesbezügliche Empfinden des Volkes sich in der Redensart niederschlug: »Seit wir unsere Bärte verloren haben, haben wir unsere Seelen verloren«, und es lässt sich nicht bezweifeln, dass der Verlust von Bart und von Herrschaft in diesem Lande auf einmalige Weise Hand in Hand gingen.

Die folgenden zwei kurzen Anekdoten werden veranschaulichen, welches Ehrgefühl einst in den Bärten der Spanier und Portugiesen wohnte.

Als El Cid Díaz auf dem Totenbett lag, stahl sich ein boshafter Jude in den Raum, um zu tun, was er zu Díaz Lebzeiten nicht gewagt hatte – dem edlen Spanier den Bart auszurupfen! Kaum hatte er sich zu diesem Zweck über den Leichnam gebeugt, richtete dieser sich jählings auf und zückte das Schwert, welches griffbereit an seiner Seite lag. Der Jude floh voller Entsetzen, worauf der Leichnam mit grimmigem Lächeln in seine letzte Ruhe zurückkehrte; und aus dem Juden wurde ein Christ.

Nachdem der wackere João de Castro die indische Festung von Diu zurückerobert hatte, fehlte ihm der Nachschub an Geld und Gütern, und so verpfändete er für tausend Pistolen seinen halben Schnurrbart mit den Worten: »Kein Gold der Welt könnte wertvoller sein als diese natürliche Zier meiner Tapferkeit.« Die Bewohner von Goa, besonders die Damen, waren von diesem edelmütigen Opfer derart beeindruckt, dass sie schließlich die nötige Summe aufbrachten und de Castro von seinem Pfandversprechen erlösten.

Die letzte europäische Nation, die den Bart ablegte, war die russische, nach deren althergebrachtem Rechtskodex ein jeder, der eines anderen Barthaare ausreißt, eine viermal so hohe Geldstrafe zu zahlen hat wie für das Abschneiden eines Fingers. Peter der Große (der stets ein Halbwilder blieb) suchte wie viele andere nur unzureichend gebildete Reformer seine Ziele eher durch willkürliche Maßnahmen als durch moralische Überzeugung zu erreichen. Nachdem er bei seinen Besuchen im Westen die bartlosen Gesichter gesehen hatte, kam er Hals über Kopf zu dem Schluss,

das Fehlen von Barthaar gehöre notwendig zur Kultur, wobei ihm nicht aufging, dass auch ein rasierter Wilder noch immer ein Wilder ist. Er befahl daher seinen Untertanen, sich zu rasieren, und verhängte eine Steuer von hundert Rubel für alle Adligen, Bürger, Kaufleute und Handwerker sowie von einer Kopeke für die unteren Stände. Ausufernde Tumulte waren das Ergebnis, doch Peter blieb stur und veranlasste einen Kreuzzug mit Schere und Rasiermesser, ganz ähnlich einer franko-afrikanischen Razzia, die, wie Sie sicher wissen, eine saubere Rasur von allem mit sehr schmutzigen Händen bedeutet! Um der Erniedrigung zu entgehen, trennten manche sich freiwillig von ihren Bärten, doch sie alle bewahrten die Haare auf, um sich mit ihnen begraben zu lassen. Die etwas Abergläubischeren waren gar davon überzeugt, der heilige Nikolaus würde ihnen, wenn sie ihm die Haare nicht vorzeigen könnten, als bartlosen Christen den Eintritt in den Himmel verweigern.

Eine der schwierigsten Aufgaben bestand im Umgang mit der Armee, und in diesem verfuhr Peter mit charakteristischer List. Durch die Vermittlung der Priester machte man den Soldaten weis, sie hätten bald gegen die bärtigen Türken zu kämpfen und ihr Schutzpatron, der heilige Nikolaus, könne dabei unmöglich seine schirmende Hand über seine geliebten Russen halten, es sei denn, sie willigten ein, sich als Unterscheidungsmerkmal die Bärte entfernen zu lassen! Sie sehen, meine Damen und Herren, wie schal die späten Tricks des Zaren sind! Überzeugt von diesem frommen Betrug, gehorchten die leichtgläubigen Soldaten der kaiserlichen Anordnung. Allerdings ging es im nächsten Krieg gegen die Schweden, und die Soldaten, die unter der Rasur schwer gelitten hatten, wendeten das Blatt nun gegen die Priester und sagten: »Die Schweden haben keine Bärte, also müssen wir die unsrigen wieder wachsen lassen, damit, euren Worten gemäß, der heilige Nikolaus uns erkennen kann!«

Es ist eine bemerkenswerte historische Tatsache – welche die Gefahr verdeutlicht, die aus dem Ersetzen des Natürlichen durch das Künstliche erwächst –, dass *mit dem Verschwinden der* Bärte *das Aufkommen der Perücken* einherging. Ein Gebirge von weibischen Locken ruhte fortan auf dem Kopf, um in samtweichen Spiralen auf Nacken und Schultern zu fallen, während das gesamte Gesicht so glatt und schmuck und nichtssagend gehalten wurde, wie die Rasierklinge es nur vermochte; weshalb es ein so missliches Unterfangen ist, sich hintereinander mehrere Porträtgemälde von der Hand Knellers anzusehen, der, so findig er auch war, dieser albernen Mode nicht die Freiheit und die Kraft der Natur verleihen konnte. Zur Illustration sei auf das Porträt von Joseph Addison* verwiesen, denn obgleich dieser Aufklärer sich durchaus augenfällig der Mode ergab, so waren ihm doch gelegentlich Visionen von besseren Zeiten vergönnt, zurückliegenden wie künftigen.†

---

* Ich kann mich an dieser Stelle nicht enthalten, eine kuriose Begebenheit zu schildern. Am selben Tag, an dem dieser Vortrag gehalten wurde, wurde ein kleiner Junge gebracht, um sich die Porträts anzusehen, kurz nachdem sie aufgehängt worden waren. Ich fragte ihn: »Edward, welches Gesicht gefällt dir am besten?« Er berührte sofort das Porträt von Addison und sagte: »Das hier ist die beste Frau!«, um in der nächsten Sekunde hinzuzufügen: »Und das da der beste Mann!«, und auf das vollbärtige Gesicht Leonardo di Vincis zu deuten.

† Dass Southey die gleichen reuevollen Heimsuchungen ereilten wie Addison, erscheint unzweifelhaft, denn während er in seinem *The Doctor* das »Rasieren zu Hause« mit der »Sklaverei im Ausland« vergleicht, anmerkt, dass »ein gutes Rasiermesser schwerer zu finden ist als eine gute Ehefrau«, das Geschäft der Rasur als »widersinnig und irrational«, als »lästig, unbequem« und verbunden mit »Unbehagen, vor allem bei frostigem Wetter und Märzwind« geißelt, es auf eine Stufe stellt mit dem Fluch, der über Eva gesprochen wurde, und schließlich die Überzeugung kundtut, »wenn die täglichen Rasuren eines vollen Jahres in eine einzige zusammengefasst werden könnten, so wäre das Ganze mehr, als Fleisch und Blut ertragen könnten«, so hat er zugunsten der Rasur nichts weiter zu sagen, als dass sie den Barbieren zugutekomme, den sich eigenhändig Rasierenden zu Momenten des Innehaltens und ruhigen Nachdenkens zwinge und es diesem ermögliche, Lehren aus dem Blick in den Spiegel zu ziehen, an die niemand mit Rasiermesser in der Hand je gedacht hat. Die folgenden Worte an anderer Stelle sind der Schlüssel zu seiner wahren Meinung: »Wenn ich einen Bart trüge«, schreibt er, »so würde ich ihn hegen wie der Cid Campeador den seinen, zu meinem Vergnügen. Ich würde ihn an einem Sommertag mit Rosenwasser verwöhnen, und ohne aus ihm einen Götzen zu machen, brächte ich ihm doch bisweilen etwas Weihrauch dar mit einem Räucherkerzchen, oder Lavendel und Zucker. Meine Kinder, wenn sie jung genug gewesen wären für derlei Schmeicheleien, hätten ihn mit Freuden gestreichelt, gekämmt und gezwirbelt, und späterhin wären meine Enkelkinder ihnen auf diesem Weg der gegenseitigen Zuneigungsbezeugung nachgefolgt.« Siehe auch das humorige Traktat über Langschläfer von Leigh Hunt im *Indicator*, in dem er das Rasieren »eine schurkische und vollkommen unnötige Sitte« nennt.

Auf die Herrschaft der falschen Lockenpracht folgten jene noch ungeheuerlicheren Frevel – die Gipfel der eitlen Gefallsucht – Puder, Pomade und Zopf! Ersteres, um das rosig glänzende Gesicht der Jugend mit der schneeweißen Mattheit des Alters auszustatten; und Letzterer, nehme ich an, war der Versuch irgendeines brillanten Geistes, die Natur auszustechen:

Mit hängendem Schweif, starrschwarz dahint',
Anstatt eines wallend Barts davor,
Damit, durch dies Emblem, die Welt sich entsinnt,
Wie weise sie ward seit Altvater Noah.

Dies war die Zeit, in der jeder Lufthauch ein Zephyr war, jedes Mädchen eine Chloe, jede Frau eine Venus und jedes dickliche, schielende Kind ein Amor! Später tauften deutsche Kritiker die Schriftsteller dieser Schule sogar »Zopfdichter«.*

Die erste französische Revolution machte all diesem Tand ein Ende, und obgleich Alison und andere erklärte Historiker dies nicht unter die guten Folgen jener furchtbaren Flut von Blut und Blasphemie rechneten, so war es nicht eine der schlechtesten, und die Gesellschaft kann sich nicht glücklich genug schätzen, dass sie befreit worden ist von diesem Exempel an systematischer Firlefanzerei, Frivolität und herausgeputzter Lasterhaftigkeit der späteren französischen Souveräne, imitiert von den meisten der unbedeutenden Marionettenfürsten Deutschlands:

Der klein're Affe in seinem Maß
Treibt seine Possen wie der größ're.

* Seume, ein deutscher Dichter besserer Schule, verkündet in seinen Reiseberichten: »Eben werfe ich meinen alten Puderapparat zum Fenster hinaus; denn ich will mich nun durchaus nicht mehr pudern und pudern lassen. Wann werde ich so glücklich sein, den Scherkasten nachwerfen zu können?«

Während des Aufstiegs Napoleons I. zur Macht gewann allmählich ein schlichterer, strengerer und klassischerer Geschmack die Oberhand, und dieser Umstand gebot geradezu eine Rückbesinnung auf den Bart. Unter dem militärischen Despotismus des erwähnten Kaisers waren Schnurrbärte allerdings den Zivilisten verboten, und der Bart beschränkte sich auf jene kleinliche, haarige Nachahmung eines umgekehrten Dreiecks, die nach ihrem Wiedererwecker, der sie persönlich nie trug, *impériale* genannt wurde, wie um dem Volk zu bedeuten, dass sie nur den winzigstmöglichen Anteil am *empire* haben würden.

Mit jedem neuen Akt der versuchten Befreiung erscheint der Bart auf dem Kontinent wieder, und er war eines der effektivsten Feldzeichen im Freiheitskrieg, als Deutschland sich gegen Napoleon erhob. Im Jahre 1830 wurde er in Frankreich teilweise wiederbelebt, und späterhin hat er noch viele eidbrüchige Monarchen des Kontinents* in ihren Kapitalen »erbeben und zittern lassen« und sie daran gemahnt, dass trotz nicht eingehaltener Versprechen und falscher Schwüre die Herrschaft der Ungerechtigkeit »an einem einzigen Haar nur« hängt, dessen ungehindertes Wachstum zu überwachen die Polizei nicht immer in der Lage sein wird.

Nur in aller Kürze möchte ich mich nun noch mit vier modernen Einwänden gegen das Barttragen befassen.

I. *Dass es weniger reinlich sei als die Rasur.* Hierauf lautet die Antwort: Dies hängt ganz vom Träger ab; und sich sauber zu halten, nimmt weniger Zeit in Anspruch, als sich zu rasieren, besonders dort, wo man sich, wie in England, mehr als einmal am Tag das Ge-

---

* Man weiß kaum, was am abscheulichsten ist, die Scheinheiligkeit der preußischen Staatsheuchelei, die etwas offenkundigere Erbärmlichkeit des napoleonischen Despotismus oder die paternalistische Fürsorge, mit der Österreich schon das Aufkeimen freien Denkens zu verhindern sucht, von welchem Land ich aus eigenem Erleben berichten kann, dass Schillers Werke an der ungarischen Grenze als Schmuggelware beschlagnahmt wurden, und ein Mitreisender in österreichischen Diensten, der bei einem *table d'hôte* versucht hatte, das Regierungsverhalten zu verteidigen, wurde zur Polizei bestellt, und als er zu seiner Entschuldigung anführte, dass er für die Regierung gesprochen habe, erhielt er zur Antwort: »Junger Mann, die Regierung wünscht keine Verteidigung – keine Diskussion –, und am klügsten ist, wenn Sie schweigen!«

sicht wäscht. Und falls dieses Argument stichhaltig wäre, so sollten wir uns lieber gleich den ganzen Kopf samt Augenbrauen rasieren. II. *Dass es ebenso lange dauere, den Bart in Ordnung zu halten, wie sich zu rasieren.* Selbst wenn wir annehmen, dem wäre so, besteht noch immer ein gewichtiger Unterschied sowohl in den beiden Tätigkeiten als auch in ihren Ergebnissen. Denn anstatt mühsam, zweifelhaft und oft schmerzvoll zu sein wie das Rasieren*, ruft das Kämmen und Bürsten des Bartes ein deutliches Wohlbehagen hervor ganz ähnlich dem, das vielleicht eine Katze empfinden mag:

Wenn sacht wir streichen übers Fell,
Ihr Schnurr'n wir hören, tief, nie hell;
Und sehn in ihr'm verhang'nen Blick
Ein unverhohlen träum'risch Glück.

Und während der Prozess der Rasur eine bloße Negation ist, die uns eines natürlichen Schutzes beraubt und uns der Krankheit aussetzt, ist der andere, so zeitaufwändig wir ihn auch gestalten, natürlich und instinktiv und begleitet von der Befriedigung, dem Kennzeichen männlicher Vornehmheit die Gnade der Sauberkeit angedeihen zu lassen.

---

* Am Geschäft der Rasur gibt es neben seiner Schmerzlichkeit auch noch weitere Punkte, die es abstoßend machen sollten für all diejenigen, die sich nicht eigenhändig rasieren – wie etwa das klebrige Einschäumen des Gesichts mit einem Pinsel, der diesen Dienst schon Hunderten anderen Kinnen erwiesen hat. Es ist amüsant, ein Grüppchen von freien und unabhängigen Engländern brüllen zu hören: »Die Britannier werden niemals Sklaven sein!«, und dann die meisten von ihnen zu sehen, wie sie ihre Kinne hergeben, um sie sich mähen, und ihre Nasen, um sich die Haare herausrupfen zu lassen von irgendeinem gewöhnlichen Friseur, den sie dafür auch noch bezahlen. Auch wenn der Betreffende ein Selbstrasierer ist – von der Zeitverschwendung gar nicht zu reden –, welch eine Vielzahl von flüchtigen Ärgernissen und Prüfungen für die Selbstbeherrschung gehen damit einher! Ungeachtet der Prahlereien der Kaltwasserrasierer ist es doch ganz gewiss so, dass bei strengerer Witterung die meisten lieber heißes statt kalten Wassers benutzen, was sie zu Sklaven ihrer Dienerschaft macht; sodann ist das Rasiermesser, wie wir aus marktschreierischer Reklame und eigener Erfahrung wissen, der Spitzenreiter unter den unbeständigsten Gebrauchsartikel; und nicht zuletzt ist da die Reizbarkeit der Nerven, die selbst der Willensstärkste nicht stetig zu kontrollieren vermag, sodass die unruhige Hand bisweilen wie mit dem Beil auf das Kinn einhackt oder es mit Blut bekleckert aus der Enthauptung jener pickligen Erhebungen, deren vulkanischer Ursprung oft genug das Rasiermesser selbst war.

III. *Dass die Damen es nicht mögen!* Dies nennen Professor Burdach und Dr. Elliotson eine üble Verleumdung.* Die Damen mögen aus ureigenster Veranlagung alles Männliche, und obzwar der Bart auf ihren von Gewohnheit getrübten ersten Blick ein sonderbares Aussehen haben mag, so werden sie sich doch rasch mit ihm versöhnen und dann ebenso wie Beatrice davon überzeugt sein, dass ein bartloser Mann allenfalls dazu taugt, ihm ein Kleid anzuziehen und ihn »zum Kammermädchen« zu machen.† Ich habe bereits das Beispiel einer Königin erwähnt, die ihren Mann dafür verabscheute, dass er priesterhörig genug war, sich zu rasieren; und nun verweise ich Sie auf ein zweites, zu sehen auf einem veritablen Selbstporträt eines Malers zu Zeiten der Herrschaft von George I., eines Mannes namens Liotard, der nach der Rückkehr von seinen Reisen in den Osten mit seinem üppigen, fein und anmutig sich kräuselnden Vollbart einfach unwiderstehlich war. Er folgte seinem Schicksal und heiratete, doch dann – ach, unglücklicher Tor! – entledigte er sich eines Tages aus einer Laune heraus seiner östlichen Pracht. Noch in derselben Sekunde, da seine Gattin ihn sah, war der Bann jenes Ideals, das jede treue Frau sich von ihrem Geliebten bildet, gebrochen – denn statt auf ein würdiges, männliches Antlitz fiel ihr Blick auf ein kleines, verhärmtes Gesicht, mit himmelwärts gerichteter Nase und animalisch irdischem Mund,

Und derart winz'gem Geckenkinn,
Zu küssen es fast Sünde schien!

---

* Der alte Burton bezeugt diesbezüglich in seiner *Anatomie der Melancholie*: »Kaum sieht ein junger Mann seine Herzliebste nahen, putzt er sich eitel auf, wirft den Rock über, richtet die Hosenbänder, legt die Manschetten und Schleifen an, glättet das Haar, *zwirbelt den Bart* …«

Auch D'Israeli berichtet: »Als das schöne Geschlecht es gewohnt war, den Geliebten mit Bart zu gewahren, erregte der Anblick eines rasierten Kinns Gefühle von Schrecken und Abscheu; gewiss ebenso sehr wie in diesem weniger heroischen Zeitalter ein Galan erregen würde, dessen üppiger Bart ›dahinströmt wie ein Sternschnuppenschweif in flirrender Luft.‹«

† Der gesamte Dialog, dem diese Phrase entnommen ist, verrät die Verachtung, mit der die Hofdamen unter Elisabeth und Jakobus I. Zeit ein haarloses Kinn betrachteten. Und es gibt noch unzählige weitere Passagen in den Werken unseren alten Dramatiker, die mit ganz ähnlicher Wirkung zitiert werden könnten, einzig dass manche der Anspielungen sich nicht mit modernen Begriffen von Feinheit vertragen.

IV. *Dass ein Bart im Winter wohl recht behaglich sein möge, doch im Sommer zu heiß sei!* Die besseren Völker der Kinder des sengenden Afrika tragen Bärte, so wie schon die alten Numider und die Tyros-Karthager vor ihnen. Der Araber in der trockenen, glutheißen Wüste hegt den seinen! Haben wir etwa Angst, uns könnte wärmer als diesen sein in einem englischen Sommer? Zudem haben wir bereits geklärt, dass der Bart ein Nichtleiter sowohl von Hitze als auch von Kälte ist.*

Nachdem ich Ihnen, meine Damen und Herren, nun Belege dafür geliefert habe, dass der Bart ein natürliches Merkmal des männlichen Antlitzes und von der Vorsehung zur Kenntlichmachung, zum Schutz und zur Zierde gedacht ist, und Ihnen unter historischen Aspekten auseinandergesetzt habe, dass zu keiner Zeit ein ausreichend stichhaltiger Grund dafür vorgebracht wurde, auf ihn zu verzichten, sondern einzig himmelschreiender Aberglaube oder kapriziöse Diktate von Gecken und ruchlosen Menschen, denen für jeden einsichtsfähigen Geist alle vernünftigen Handlungsmotive fehlen, möchte ich Sie darum bitten, sich nicht den Bemühungen derer entgegenzustellen, die die Gesetze des Schöpfers höher schätzen als das Diktat des Menschen und sich zur Rückkehr in den natürlicheren Lauf der Dinge berechtigt sehen. Wir unsererseits werden, trotz allem, was wir hier dargelegt haben, es freimütig jedem gestatten, sich auch weiterhin dem Geschäft des Rasierens zu widmen, der einverstanden ist mit dem Plädoyer eines gewissen Herzogs von Brissac, welchen man regel-

* Es lässt sich kaum recht begreifen, welch eigentümliche Anmerkungen ich zum Gegenstand des Barttragens erhalten habe. Eine Person erkundigte sich überaus ernsthaft, ob ich wahrhaftig der Überzeugung sei, dass Adam einen Bart hatte? Eine andere machte mir Vorhaltungen wegen der ersten Anzeichen meines Schnurrbarts, sodass ich boshaft ein argumentum ad feminam anwandte – Beim Militär stört er Sie nicht? – und die Tochter unbedarft antwortete: »Nun, wissen Sie, Sir, bei einem Soldaten ist er ganz natürlich!« Zwei oder drei scharfsinnige Zuhörer, einer von ihnen ein Anwalt, warfen ein: »Aber Sie lassen sich Ihre Haare schneiden!«, woraufhin meine Erwiderung lautete: »So ist es! Doch ich rasiere sie mir nicht ab, und ich stutze meinen Bart, anstatt ihn zu entfernen. Sie kürzen doch auch Ihre Nägel – und würden dennoch nie auf den Gedanken kommen, sie sich auszureißen, nicht wahr?«

mäßig dabei belauschen konnte, wie er beim Ansetzen des Rasiermessers im wohlbemessenen Winkel folgenden Monolog vor sich hin sprach:

> Timoléon de Cossé, Gott hat Euch zum Edelmann gemacht, und der König hat Euch zum Herzog gemacht; doch es ist nur recht und billig, dass Ihr auch selbst etwas zu tun haben sollt, und darum sollt Ihr Euch rasieren!